高橋ヨシキのシネマストリップ

高橋ヨシキ
NHKラジオ第1「すっぴん！」制作班 編

戦慄のデ
ア編

スモール出版

高橋ヨシキのシネマストリップ

戦慄のディストピア編

はじめに

　ディストピア、というのはユートピアの反対……ではありません。ディストピアというのは常に「誰か」にとってのユートピアです。そこに住む全員が抑圧されている社会、というものを想像することは困難です。抑圧される側がいれば、抑圧する側がいて、そこには常に不均衡がある。抑圧する側が享受している快楽は、抑圧される側にとっての苦痛であり、ときには社会的な、あるいは生物学的な死を意味することすらあります。

　本書はＮＨＫラジオ第一「すっぴん！」内で毎週金曜日にお届けしている映画コーナー「シネマストリップ」でご紹介した作品から、ディストピア映画を選り抜いて再構成したものです。出版にあたってはラジオでお話ししたことを元に、大幅に加筆・訂正を行っています。

「シネマストリップ」は、普段とくにテーマを決めているわけではありません。たまに、特定の監督の作品を続けてご紹介することはありますが、それくらいです。二〇一七年十一月から二〇一八年四月にかけてお送りした「ディストピア映画特集」は、「シネマストリップ」では珍しく、一貫したテーマを設けた特集でした。

なぜその時期に「ディストピア映画特集」をやることを思いついたかというと、実感として、現実が物凄いスピードでフィクションのディストピアを追い抜きつつあると感じたからです。ぼくはもともとディストピア映画が好物で、だから「シネマストリップ」の第一回放送には『未来惑星ザルドス』（一九七四年）を選びました。番組ではその後も散発的にディストピア映画を紹介してきたのですが（本書に収録されているものもあります）、そういう映画を取り上げるたびに、フィクションに過ぎなかったはずのディストピア的な世界観が、薄気味悪いほど現在進行系の現実と合致することに気がついたのです。笑うに笑えないのは、放送する予定のディストピア映画で描かれている内容とそっくりの事態が理由で国会が紛糾し、番組がお休みになることが度々あったことです。

誤解があるといけないので書いておきますが、この「ディストピア映画特集」は、直接的に政権批判をしたいとか、反体制を標榜したいがために行ったのではありません。あまりといえばあんまりな腐敗、粉飾そして傲慢さを前に、嫌味の一つくらい言ってもいいだろうと思っていることは事実ですが、ディストピア映画が照らし出す地平は単一の政権の愚かしさなどという狭い範囲だけではありません。

「ディストピア映画特集」を思いついたのは、数々のディストピア映画を通じて、個人の尊厳や人間らしさ、というものが何なのか再び考えるきっかけが掴めるのではないかと思ったからです。個人の尊厳や人間らしさ、というものは今や風前の灯火だとぼくは考えています。いや、ずっとそうだったし、これからもそうなのでしょう。しかし世界が個人の理解力を超えて複雑化の一途をたどり、グローバル化によって旧来の国家観や性差に根ざしたアイデンティティが揺らぐ中、行き場を失った不安感を包み込んでくれる「ゆりかご」のようなものとして全体主義や排外主義が各地で頭をもたげつつあることは否定のしようがありません。全体主義や排外主義は原理的に個人の尊厳や人間らしさを踏みにじるものです。ディストピア映画は、そういう状況を理解したり、個人のあり方について考える糸口になるはずです。

ディストピア映画の多くはSFの形をとりますが、それは思考実験として極端な状況を想像するからです。ネガティヴなことを考えるのは無駄ではありません。陰鬱なディストピア世界を作り上げる映画製作者の想像力をぼくは尊敬しています。ディストピア映画はまた、シリアスなものばかりとは限りません。チャップリンの『モダン・タイムズ』(一九三六年)を引くまでもなく、ディストピアはコメディ映画にも興味深いセッティングを提供するものです。

ひょっとすると、意外性と皮肉に満ちたディストピア映画を観るのに今ほど最適な時代はないのかもしれません。もっとも、ディストピア映画を「他人事」として楽しめる時代など、これまでに一度もなかったのかもしれませんが。

二〇一九年三月

高橋ヨシキ

本書に収録した内容は、
NHKラジオ第1「すっぴん!」のコーナー「高橋ヨシキのシネマストリップ」
(2015年4月3日〜2019年2月22日放送)を編集し、
加筆・修正をおこなったものです。
なお、巻末の対談は本書のための語り下ろしです。

Contents

はじめに 002
『1984』 011
『2300年未来への旅』 027
『華氏451』 046
『懲罰大陸☆USA』 065
『マイノリティ・リポート』 076
『ロボコップ』 097
『スターシップ・トゥルーパーズ』 111
『トータル・リコール』 123
『ウォーリー』 138
『少年と犬』 150
『レディ・プレイヤー1』 160

Yoshiki Takahashi's Cinema strip
Terrifying Dystopian Films

Contents

『デモリションマン』 175
『スノーピアサー』 189
『ランド・オブ・ザ・デッド』 202
『エイリアン』 216
『ホテル・ルワンダ』 234
『ジャンクション』 248
『ファーザーランド ～生きていたヒトラー～』 261
『大統領の陰謀』 274
「高橋ヨシキのシネマストリップ」放送日一覧 288
対談 高橋ヨシキ×高橋源一郎 「ディストピア化が加速する社会を生き抜くには？」 293

権力は放っておくとこうなる『1984』

（一九五六年・イギリス／原題：1984）

監督：マイケル・アンダーソン
出演：エドモンド・オブライエン／ドナルド・プレザンス／ジャン・スターリング／デイビッド・コゾフ

あらすじ
独裁的な「党」が支配する未来のロンドン。主人公ウィンストン・スミス（エドモンド・オブライエン）は「真理省」で歴史を改竄する仕事をしつつ、隠れて禁じられている日記をつけていた。彼はジュリア（ジャン・スターリング）という女性に出会い、これまた禁じられている恋愛関係に陥るのだが……。

国民を監視する「党」

ディストピア小説の筆頭として名高いジョージ・オーウェルの『一九八四年』は、これまで二回映画化されています。今回ご紹介するのは一九五六年に公開されたマイケル・アンダーソン監督作品の『１９８４』です。本当はタイトルと同じ一九八四年に公開されたマイケル・ラドフォード監督、ジョン・ハート主演のバージョンをご紹介したかったのですが、放送の時点で国内版のソフトが入手困難だったので、一九五六年の方をメインに取り上げることになりました（今は一九八四年版もＤＶＤ・ブルーレイともに国内で発売されています）。ストーリー的にはどちらもほとんど同じですが、一九八四年版の方がより原作に忠実です（だから、より残酷な作品になっています）。なお、今回取り上げた一九五六年版が『一九八四年』の初映像化かというとそうではなくて、その二年前（一九五四年）にＢＢＣ（英国放送協会）がテレビドラマ化しています。

『１９８４』が提示する未来像は、おそろしく陰鬱で暗澹《あんたん》たるものですが、その前提となっているのは一九五〇年代に起きた核戦争です。その結果、一九八四年現在の世界はオセアニア、ユーラシア、イースタシアという三つの超大国が支配している……と言われています。この三大国は恒久的に紛争を繰り返している……と言われていて、国内は常に欠乏状態にあります。「……と言われていて」と断っているのは、その紛争なり戦争なりが「本当に」あるのかど

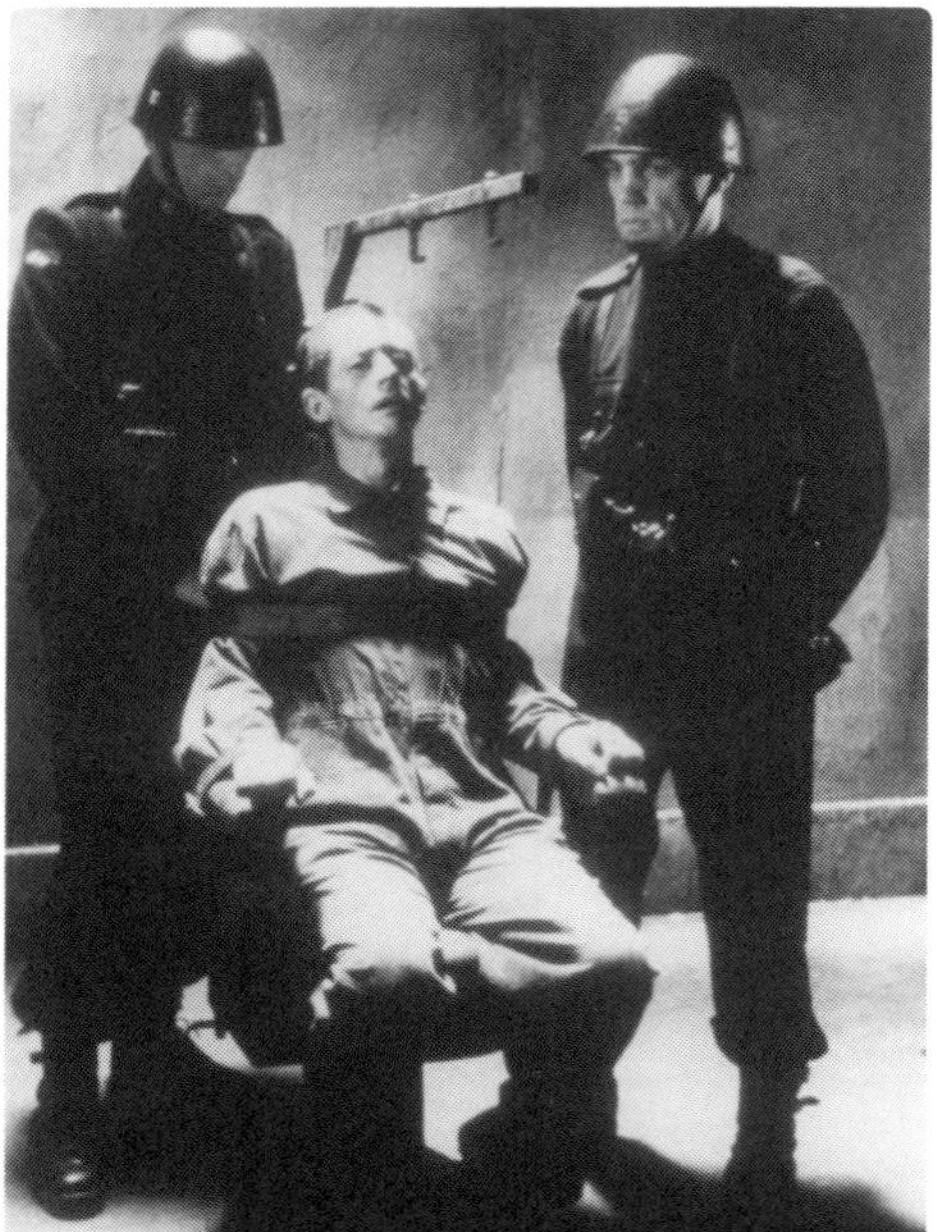

一九八四年版の『1984』より。
101号室でウィンストン・スミス（ジョン・ハート）は
自身の最大の恐怖と直面する。

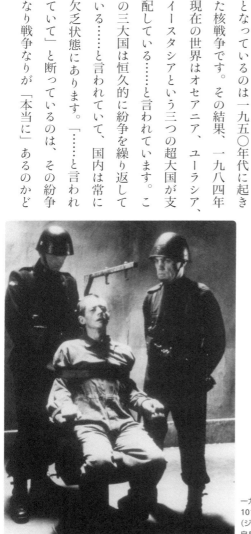

うか、劇中の描写だけでは判然としないからです。これは後でも触れますが、**少なくとも主人公の暮らすオセアニアでは、すべての情報を「党」がコントロールしているため、日々伝えられる戦争のニュースが「現実」なのかどうか判断することは不可能なのです。**

オセアニアは「ビッグ・ブラザー（偉大なる長兄）」と呼ばれる指導者が統制している、とされています。「ビッグ・ブラザー」の姿はポスターやスクリーンなど、町中の至るところで目にすることができるのですが、先に挙げたのと同じ理由でこの「ビッグ・ブラザー」が「現実の」人物なのかは分かりません。オセアニアは官僚国家で、「党（パーティー）」と呼ばれる政党が国を支配しています。この世界には政党は一つしかないので「〇〇党」という呼び名はあり得ず、単に「党」と言うのです。オセアニアの社会には大きく分けて三つの階層が存在します。一つは「党」内部の人間、それから「党」の周辺部で働く人々、あとは労働者です。オセアニアは究極の監視社会であり、国民が自由にものを考えること自体、おそろしく制限されています。「党」はさまざまなやり方で自由な思考を制限することに成功しており、全体主義的な監視社会が完成に近づきつつあります。

オセアニア国民の家や職場には「テレスクリーン」というテレビのようなものが必ず設置されています。これは双方向性の送受信機で、テレビでありながらカメラでもあるような装置です。ウェブカメラ越しに政府があなたの一挙手一投足を監視している感じ、とでも言いましょうか。国民の生活は隅々まで党の監視下にあり、個人のプライバシーというものはゼロに近い状態です。監視しているのは「党」だけではありません。国民同士もお互いを相互に監視し合っているわけで、密告は日常茶飯事です。ナチス時代のドイツや旧共産圏で実際にあったように、劇中にも自分の娘に密告されたせいで「党」に逮捕されてしまう男が出てきたりもします。

「ニュースピーク」と「ダブルシンク」

主人公ウィンストン・スミスは「真理省」という名の省庁に勤める役人です。彼の仕事は歴史の改竄《かいざん》で、「党」に指示されるまま、過去の新聞記事を「現実」に即した形に書き直し、古い記事を廃棄する日々を送っています。そのような「仕事」に疑問を抱かずにいられるのは、「ニュースピーク」という新しい語法を用い、「ダブルシンク（二重思考）」と呼ばれるものの考え方をするようになっているからです。

「ニュースピーク」は言葉を単純化することで意味を剥ぎ取っていく語法です。言葉の意味を制限することで、その言葉が本来持っていた多義的なニュアンスを失わせるのです。たとえば「自由」という言葉は、この世界では「鳥は重力から自由だ」というような用法に限って使われることになっています。つまり「自由」という言葉はあっても、意味が制限されているため、同じ言葉を「人間の精神は自由だ」という文脈で使うことが不可能になってしまうのです。**言葉の意味や用法を制限し、また言葉自体も短縮し単純化することで「党」のイデオロギーに反する考えを「抱く」ことすら不可能にしようとしているのです。**「党」のイデオロギーは「イングソック」といって、これは「イングランド・ソーシャリズム（イングランド社会主義）」を縮めた新語です。しかしこの言葉にはあらかじめ「これはいいものだ」という意味が込められているので、もし「イングソックは良くない」と言ったとすると、「いいものは良くない」と矛盾したことを言っているようにしか感じ取れないわけです。他の意味が存在しないことで、イデオロギーの無謬性《むびゅうせい》が担保されるのです。

さらにニュースピークにおいては言葉の言い換えも盛んに行われています。反逆者を拷問する役所は「愛情省」、歴史を改竄し「事実」を捏造《ねつぞう》するのは「真理省」、戦争をするのが「平和省」といった具合です。原作『一九八四年』文庫版に解説を寄せているトマス・ピンチョンは「これをアメリカに置き換えると、常に戦争をしている省庁が〝国防省〟を名乗っている」ということだと書いていますが、実際ニュースピーク的な「言い換え」や「短縮」は現代の日本でも日常茶飯事です。「テロ等準備罪」などがいい例です。また「性的な嫌がらせによって他者に被害や不利益を与えること」は重大な問題ですが、これを「セクハラ」と言い換えることで、本来の問題の深刻さが矮小化《わいしょうか》されてしまうということもあるでしょう（性的ハラスメントについては、日本政府が「現行法令でセクハラ罪は存在しない」とする答弁書を閣議決定しましたが、ニュースピークに基づいて「真理省」が声明を発表する『１９８４』の世界とあまりにそっくりで、ちょっと言葉を失うほどです）。なお原作小説にはニュースピークについての解説（「ニュースピークの諸原理」）が付録としてつけられていますが、ピンチョンが指摘するように、この「諸原理」が過去形で書かれている……というところに、陰々滅々たる『１９８４』の未来の「その先」の希望が見えている可能性はあります。「ニュースピークが過去のものとなった時代」があるのかもしれない、という、細い細い未来が「諸原理」の隙間から覗いているからです。

党＝体制は常に新たな嘘を供給し続けています。にもかかわらず、その「嘘」を、同時に完全な「真実」として信じることを可能にするのが「ダブルシンク（二重思考）」と呼ばれる思考法です。たとえば大統領のスポークスマンであるとか、日本で言えば官房長官のような人というのは、明らかに事実と反することであっても自信たっぷりに言ってのけるのが仕事のようなところがあります。それは二重思考を彼らが実践してしまっているからだとぼくは思います。**二重思考を用いることで、とんでもない嘘を口にしていても、自分の中に矛盾が生じないようにできるのです**。この考え方はまた、過去をいくらでも自分の都合のいいように改変することをも可能にしてくれます。権力には「現実を自分の好きなように書き換えたい」「過去も未来もコントロールしたい」という欲望がつきものですが、現在「オルタナティブ・ファクト（〝もう一つの事実〟という名の虚偽）」といわれるレトリックは、まさに二重思考を用いて現実を上書きする方法なわけです。

『1984』はマニュアルではない

新しい方の映画版は一九八四年に公開されましたが、その二年前に『ブレードランナー』が公開されていたこともあり、全体主義的なディストピアを描いた

『１９８４』のルックはやや古臭く感じられたものです。雑多で猥雑で多文化的な『ブレードランナー』の未来に比べると、旧共産圏を思わせる都市で、みんなが同じような服を着て労働と圧政に喘《あえ》いでいる……というビジョンは、当時のぼくにはあまりにも『メトロポリス』（一九二七年）的な、旧世代の考えた未来像に感じられてしまったということです。今思えばバカな感想を持ったものだと思います。「古臭い」ルックであることは『１９８４』の本質と密接に関わっており、その意味で一九八四年の映画版は何ひとつ間違っていなかったからです。一九五六年版においてもそれは同様です。

また「ディストピア的な、全体主義の監視社会」という点についても、当時はどこか他人事に感じていた部分があったように思いますが、今になって観返してみると、**本作で描かれた未来の世界が古びるどころか、むしろ現実の世界が『１９８４』に向かってどんどん加速しているように感じられます。**同じように感じている人は沢山いて、「『１９８４年』は警告として書かれたものであって、マニュアルじゃないんだぞ」と書かれた〈ミーム〉をインターネット上で見かけることもしょっちゅうあります（〈ミーム〉は本来「人から人へと伝達される文化・情報」という意味ですが、ここで言う

〈ミーム〉はいわゆる〈インターネット・ミーム〉つまり「インターネットで広くシェアされる、ちょっと面白い、あるいは気が利いた画像など」のことです）。

世界が『1984』的になりつつある、と実感させられる理由としては、他に「憎悪」の問題もあります。全体主義的な国家は（それが自由主義を標榜していたとしても、です）、国民感情を一方向に向けることを是とするので、「仮想敵への憎悪を煽り立てる」ことがよくあります。『1984』の世界では、テレスクリーンで毎日「二分間憎悪」という番組が放送されており、画面と音声で伝えられる「党の〝敵〟は卑劣で、子供を殺すような奴らだ」というプロパガンダに視聴者は怒りをたぎらせます。日々の習慣としてです。しかし二分間が過ぎると画面にはビッグ・ブラザーの顔が映り、穏やかな音楽が流れ、そのカタルシス（浄化作用）によって視聴者は救済されたような気持ちになり、中には感極まって涙を流す者もいます。こういうことを毎日繰り返させることで、〝敵〟への「憎悪」とビッグ・ブラザーへの「愛情」という、これまた単純化されコントロールされた「感情」しか持たないよう「しつけられて」しまうのです。

壊される人格

主人公のウィンストン・スミスは、そんな世界にあって「内心の自由」を信じています。彼はテレスクリーンに映らないところでこっそり日記を書き続けていますが、「記録」は日々書き換えられるものなので、日記を書くなどということは『１９８４』の世界では大罪です。またウィンストンはジュリアという女性と知り合ったことで、これまた「党」に禁止されている「自由な」恋愛関係を持ってしまうのですが、そうしたあれこれがすべて発覚して彼は「党」に逮捕されてしまいます。捕まったウィンストンが激しい拷問の末に死んでしまう……というのであれば、この物語もまだ救いがあったかもしれません（拷問はしっかりありますが）。しかしウィンストンは処刑されません。「党」は彼の人格を徹底的に破壊することで、「党」への「愛情」だけしか残らない抜け殻のような人間に彼を作り変えてしまいます。**「党」が手間をかけてまでウィンストンを「作り変える」のは、彼らのイデオロギー上「内心の自由」などというものは存在しないからです。**もしウィンストンをすぐに処刑してしまったら、それは「党」が存在を否定する「内心の自由」があったことを認めることになってしまいます。だから「党」はウィンストンが信じる人間性や自由というものを一つずつ、念入りに潰していって、最終的に彼を「治す」のです。身の毛もよだつような拷問をちらつかされて、ウィンストンは「愛」や「自由」といった、自分が手放すはずがないと思っていたものを「自ら」投げ出してしまいます。

この恐るべき場面は映画にもしっかり描かれていますが、一九五六年の時点でこれを映画化するにあたっては、「世の中がひどいことになっても、最後に愛は残る、愛は勝つんだ」というハッピーエンドにすることも検討されたという話です。ありがたいことに、そうはなりませんでしたが……。なお、ちょっと『1984』を思わせるディストピアを描いたテリー・ギリアム監督の『未来世紀ブラジル』（一九八五年）も、アメリカでの公開にあたって「ハッピーエンド版」が作られたことがありますが、『1984』や『未来世紀ブラジル』のような作品をハッピーエンドにしたら、すべてが損なわれてしまうことは言うまでもありません（一体なぜ、そんな発想が生まれるのか逆に知りたいです）。

ウィンストンを拷問するオブライエンという男が「党」の考え方を説明するシーンは重要です。ここで彼はいささか正直すぎるほど、「党」がどのような世界を目指し、何をしようとしているのか話してくれるのですが、その内容はおそるべきものです。

少し長くなりますが、原作小説からそのくだりを引用しておくことにします。権力というものの本質を見事に突いた、おぞましいばかりの考えが見事に提示されています。


「他人を支配する権力はどのように行使されるかね、ウィンストン?」

ウィンストンは考えた。「相手を苦しめることによって、です」と答えた。

「その通りだ。苦しめることによってはじめて行使される。服従だけでは十分でない。相手が苦しんでいなければ、はたして本当に自分の意志ではなくこちらの意思に従っているのかどうか、はっきりと分からないだろう。権力は相手に苦痛と屈辱を与えることのうちにある。権力とは人間の精神をずたずたにし、その後で改めて、こちらの思うがままの形に作り直すことなのだ。そろそろ分かってきただろう、われわれの創り出そうとしている世界がどのようなものか? それは過去の改革家たちが夢想した愚かしい快楽主義的なユートピアの対極に位置するものだ。恐怖と裏切りと拷問の世界、人を踏みつけにし、人に踏みつけにされる世界、純化が進むにつれて、残酷なことが減るのではなく増えていく世界なのだ。われわれの世界における進歩は苦痛に向かう進歩を意味する。昔の文明は愛と正義を基礎にしていると主張した。われわれの文明の基礎は憎悪にある。われわれの世界には恐怖、怒り、勝利感、自己卑下以外の感情は存在しなくなる。他のものはすべてわれわれが破壊する——何もかも破壊するのだ」

（中略）

「これまでもわれわれは親子間、個人間、男女間の絆を断ち切ってきた。今では誰も妻や子や友人を信用できなくなっている」

（中略）

「党に対する忠誠の他に忠誠はなく、党に対する愛の他に愛はなく、敵を打ちのめしたときの勝ち誇った笑いの他に笑いはなくなるだろう。芸術も文学も科学もなくなる。われわれが万能になったとき、もはや科学は必要でなくなるのだ。美と醜の区別もなくなるだろう。日々の暮らしの面白さも喜びもなくなる。数々の競い合う快楽も破壊される。だが常に——この点を忘れてはいかんよ、ウィンストン——人を酔わせる権力の快感だけは常に存在する。ますます増大し、ますます鋭くなってね。ぞくぞくする勝利の快感。無力な敵を踏みにじる感興はこれから先ずっと、どんなときにも消えることがない。未来を思い描きたいのなら、人の顔をブーツが踏みつけるところを想像するがいい——永遠にそれが続くのだ」

（ジョージ・オーウェル『一九八四年』新訳版より引用。訳：高橋和久／ハヤカワepi文庫）

一九八四年版でこのセリフを言ったのは（オブライエン役）リチャード・バートンという名優でした。リチャード・バートンは『クレオパトラ』（一九六三年）や『バージニア・ウルフなんかこわくない』（一九六六年）、『暗殺者のメロディ』（一九七二年）など、多くの作品に出演したイギリスを代表する俳優の一人ですが、ぼくにとっては『エクソシスト2』（一九七七年）の神父役や『恐怖の魔力／メドゥーサ・タッチ』（一九七八年）の超能力殺人者などが印象深いです。一九八四年版の『1984』はバートンの遺作になりました（一九八四年八月五日逝去）。

この作品を観ると「**権力というのは、放っておくと必ず『党』のような方向に向かうものだ**」ということがひしひしと伝わってきます。青臭いことを言うようですが、**権力**

の本質というのはまさにオブライエンが劇中で言ったように「相手に苦痛と屈辱を与えることのうちにある」のではないかと思えてならないのです。無駄な動作や行事を強いる政府を見るにつけ、その思いはますます強くなっています。

一九八四年版の『1984』で古道具屋のチャリントン氏を演じたシリル・キューザックは、本書でもご紹介している別のディストピア映画『華氏451』(一九六六年)にも出演しています。チャリントン氏がどういう人物かについては伏せておくことにしつつ(これから原作を読んだり映画を観たりする人もいると思うので)、ここでは『華氏451』と『1984』で彼が演じたキャラクターの立ち位置はとてもよく似ている……とだけ言っておくことにします。なお、やはり一九八四年版の『1984』は、最後のクレジットに「この映画は一九八四年の四月から六月にかけてロンドンで撮影されました」と表記が出ますが、これは原作の物語が語られる時間と場所をなぞっているものです。原作ではウィンストンが日記をつけているので、日付が分かるわけです。

しかし『一九八四年』という原作を一九八四年に撮って一九八四年に公開したのは、いかにも気が利いていますよね。

旧世代の製作者が作りあげた
最後のディストピア大作

『2300年未来への旅』

（一九七六年・アメリカ／原題：Logan's Run）

三〇歳になると処刑される社会

一九七六年の映画『2300年未来への旅』は、今なおカルト的な人気を誇る作品です。公開当時は九百万ドルの予算で二五〇〇万ドルを稼ぎ出し、赤字経営に陥っていたMGMの財政を立て直したと言われています。観客の多くは若者たちでした。好評を受けて本作はテレビドラマ化もされ（一シーズン一四話）、コミック版も発売されました。現在でも『2300年未来への旅』のファンは世界に数多く、盛んに情報をやりとりしています。『2300年未来への旅』のブルーレイは世界に先駆けて日本で発売されたので、そのときは世界中の『2300年』マニアが色めき立ちました。

監督：マイケル・アンダーソン
出演：マイケル・ヨーク／リチャード・ジョーダン／ジェニー・アガター／ロスコー・リー・ブラウン

あらすじ
西暦二二七四年。人類はドーム形の都市で不自由なく暮らしていたが、三〇歳に達した者は、人口調整のために殺されてしまう。それに反抗し、逃げ出す者もいた。逃亡者を追って殺害する処刑人のローガン（マイケル・ヨーク）は二六歳。彼にとっての「最後の日」も遠い未来ではなかった。ある時、彼は都市を管理するコンピュータから極秘指令を受ける。

映画の冒頭で映るのは、白く輝く超巨大なドームの集合体です。カメラがドームの中に入っていくと、そこにはスタイリッシュな未来都市が広がっています。外界から隔絶されたドーム内の環境は中央コンピュータによって完全にコントロールされていて、人々には生活の心配はありません。労苦から解放された人間が、快楽だけを追求して暮らしている一種のユートピアが実現していることが字幕で告げられます。ただ、この世界には一つだけ決まりごとがありました。三〇歳になると同時に、すべての住民は「カルーセル（回転木馬）」と名付けられた儀式に参加し、そこで「燃え上がる」ことで「再生」しなければいけないというのですが、これは方便に過ぎません。実際は三〇歳になると「カルーセル」で処刑されてしまうわけです。しかし住民のほとんどは「カルーセル」が公開処刑であることに気づいていないか、あるいは無意識的にその事実に目

「新しいあなた（ニュー・ユー）」と名付けられた美容整形ショップ。右端はホリー13（ファラ・フォーセット）。

を向けないようにしています。

この世界の人々の手のひらには、生まれたときから「人生時計」というクリスタルが埋め込まれています。クリスタルの色は年齢によって変化し、三〇歳が近づくと点滅を始めるようになっています。自分の死期が近いことがクリスタルの点滅ではっきり分かるようになっているわけで、これはかなり残酷な仕掛けです。生殖とセックスは完全に切り離されていて、子供はコンピュータの管理のもと、人工授精によって生まれます。だから「誰々の子供」という概念は存在しません。ドームの中は常に人工の光で明るく照らされていますが、これは戯画化されたディストピア社会そのものです。

ドーム都市の住民の中には、その非人間的なシステムに疑問を抱く人たちも少数ながら存在します。主人公のローガンは「サンドマン」という、警察と処刑人を合わせたような職業に就いているのですが、「サンドマン」の主な業務はこうした逃亡者を追跡して射殺することです。若いローガンはとりたててシステムに疑問を抱くことなく暮らしてきた人物です。「せっかくカルーセルで〈再生〉できるのに、逃げようとして撃たれて死ぬことを選ぶような連中はなんて馬鹿なんだろう」と彼は思っているのですが、物語が進むにつれてローガンの心にも疑念が生じてきます。ローガンは二六歳なのですが、「あれっ、ということは、あと数年したら自分にも〈カルーセル〉の番が回って来るじゃんか」と気づいてしまうんですね。おまけに、とある事情で中央コンピュータから「お前の〈人生時計〉を三年分進めることにした」と言い渡されたことで、彼の残り時間はさらに少なくなってしまいます。

これはメタファーというにはストレートすぎる表現のようにも思えますが、実際の人生で我々が感じることとぴったり重なります。**誰しも、若いときに「自分の死期も着々と迫りつつある」ということを実感することは難しいし、人生の時間が限られたものであることを肌で感じる頃には、残り時間が大してない**からです（病気や怪我、あるいは貧困や戦争などで、まだ若いにもかかわらず死と直面せざるを得ない人も多くいることは言っておかなくてはなりませんが）。「人生の時間は限られているのだから、有効に使いなさい」というような物言いを飽き飽きするほど聞かされて、その事実を頭で完全に理解したつもりになっている若い人も多いと思いますが（はっきり言って、ぼくもまさにそう思っていました）、実際に歳を重ねたときに感じる「おやおや、分かっていたつもりだったけど、あれは本当に本当だったんだなあ」という実感はまるで別物です。だから、もしかしたら若い人に「人生の時間は限られているんだから」云々と言うことはまったく無意味なのではないだろうか、と思うこともありますが、これはひょっとするとぼくの想像力が貧困だっただけ、という可能性もあるので、分かりきったことのように聞こえるにしても、そういうことを言い続ける必要はあるのかもしれません。

七〇年代のディストピア観

『2300年未来への旅』が公開された一九七〇年代は環境問題が注目を集めるようになった時代でもあります。化学物質が環境に与える影響を警告したレイチェル・カーソンの著書『沈黙の春』が出版されたのは一九六二年のことですが、その十年後の一九七二年にはローマクラブが『成長の限界』という報告書を発表します。『成長の限界』は「このまま環境破壊と人口増加が進めば人類の存続自体が危ぶまれる」という極めて悲観的な内容で世界に衝撃を与えました。また、この時代は東西冷戦の真っ只中で、核戦争による人類滅亡の危機もすぐそこにありました（全面核戦争の危機は今も決して消え失せたわけではない、ということには留意する必要があります）。一九七〇年代はスーパーコンピュータ、パーソナルコンピュータの双方において実用化と普及が進んだ時代でもあって、日本より早くコンピュータがオフィスに導入されたアメリカでは「コンピュータ技能がないと仕事についていけない」あるいは「コンピュータが導入されたことで職を失う」という危機感も高まっていました（アメリカでコンピュータが早く普及したのは、アルファベットを使っているからです。日本語ワードプロセッサの開発にはさらに時間が必要でした）。

そういった背景もあって、この時代には「環境破壊」「コンピュータによる支配」そして「核戦争（と核戦争後）」の恐怖をモチーフにしたディストピア映画がいくつも作られることになりました。『猿の惑星』（一九六八年）、『THX 1138』（一九七一年）、『地球最後の男オメガマン』（一九七一年）、『サイレント・ランニング』（一九七二年）、『赤ちゃんよ永遠に』（一九七二年）、『ウエストワールド』（一九七三年）、『ソイレント・グリーン』（一九七三年）、『未来惑星ザルドス』（一九七四年）、『少年と犬』（一九七五年）、『デス・レース2000年』（一九七五年）、『ローラーボール』（一九七五年）、『世界が燃えつきる日』（一九七七年）……どれも核戦争や環境破壊で荒れ果てた世界が舞台だったり、あるいはコンピュータが支配する非人間的なディストピアを描いた作品ばかりです。そういう**一九七〇年代ディストピア映画という潮流の、最後の一**

本とも呼ぶべき作品が『2300年未来への旅』なのです。

一九七〇年代に重く垂れ込めていた「それほど遠くない未来に、人類は滅亡してしまうのだろうな」という、諦めにも似た空気感はぼくもよく覚えています。当時は小学生でしたが、ディストピア映画のみならず、子供向けの雑誌や本などにも「人類滅亡へのカウントダウン」というような文章や特集が多く、あちこちで頻発する公害病が大きな社会問題となっていた時代にあって、明るい未来はイメージしにくいものでした。「一九九九年に人類が滅亡する！」と言い募る『ノストラダムスの大予言』（五島勉・著／祥伝社／一九七三年）が大ベストセラーになったのも、そういう時代の空気感をうまくすくい上げることに成功したからです。それにしても予言とか占いはデタラメや嘘ばかりついていても責任を問われないのがずるいですよね。政治もそうかもしれませんが……閑話休題。

『スター・ウォーズ』直前のSF大作

今、『2300年未来への旅』を振り返ったときに最も感じるのは、この映画が一つの時代の終焉を告げるものであった、ということです。なぜなら、本作の翌年

（一九七七年）に『スター・ウォーズ』が公開され、ＳＦ映画をめぐる状況が一変してしまったからです。先にも書いたように、一九七〇年代はディストピア映画が多く作られた時代で、そうした作品は核戦争後の未来であるとか、あるいは巨大コンピュータに支配された暗黒世界、環境破壊により人類の存続が危うくなったような時代を描くのが常でした。ところが『スター・ウォーズ』が昔懐かしい「明るく楽しいスペース・オペラ」を華々しく蘇らせたことによって、ディストピアＳＦは過去のものになってしまいました。

『スター・ウォーズ』の革新的なビジュアルと臨場感あふれる特殊効果のインパクトは絶大で、『スター・ウォーズ』以前のＳＦ映画が突如として古臭く感じられるようになったこともあります——ちょっと注釈が必要だと思うので書いておきますが、これはあくまで時代の空気感の話だと思ってください。『スター・ウォーズ』は確かに斬新な作品ではありましたが、過去のＳＦ映画と無関係に突如として登場したわけではありません。『スター・ウォーズ』以前のＳＦ映画が『スター・ウォーズ』に比べてビジュアルや内容の面で劣っている、ということは決してないのですが、『スター・ウォーズ』が世の中に与えた衝撃があまりに強かったため、そのような印象が醸成されたこと自体は否めない、ということです。一方で『スター・ウォーズ』が成し遂げた技術革新には目を見張るものがあり、それが「特撮映画の新たな時代がやってきた！」という強い感覚を観客のうちに生じさせたのです。とは言うものの、初公開から四〇年以上を経た現在、公開当時の『スター・ウォーズ』の新鮮な感動を伝えることが年々難しくなってきているのもまた事実なのですが（ジョージ・ルーカスはそうなることを恐れたからこそ『特別編』という形で改変を繰り返し、『スター・ウォーズ』を作品の作られた時代から切り離そうと尽力しましたが、ディズニーに権利を売却してしまった今、そのおそるべき野望が実現する見込みはなくなりました）。

今観ると『2300年未来への旅』の未来世界は、いかにもレトロな「過去から見た未来」、あるいは「古めかしい未来像」のように映ります。「サンドマン」が持っている未来の銃はつるりとしたデザインの、いかにも「未来の銃」といった形状ですが、引き金を引いたときに銃口から飛び出すのはレーザー光線でなくてガスバーナーの炎です。このような「見立て」は、それこそ『スター・ウォーズ』以前にはよくあったことですが、アニメーションで描かれたレーザー光線が（これも昔からありましたが）、カッコいい「ピュン、ピュン」という音で飛び交う『スター・ウォーズ』以降の世界に馴染んだ後だと、いかにも昔の表現のように見えてしまいます（『スター・ウォーズ』のレーザー光線がカッコよく見えたのは、実は音響の斬新さのおかげでした）。『2300年未来への旅』が実際よりもやや古めかしく見えるとしたら、それは本作が『スター・ウォーズ』のわずか一年前の作品であったから、と言うこともできるかもしれません。

『スター・ウォーズ』は二〇代～三〇代前半の若いスタッフが集まって作った作品です。公開当時、ジョージ・ルーカスは三三歳でした。一方、『2300年未来への旅』のスタッフは五〇代～七〇代のベテランばかり。彼らは旧来のハリウッドのスタジオ・システムの中で映画作りに携わってきた職人肌の人たちです。監督のマイケル・アンダーソンは公開当時五七歳でした。一年違いで公開された、この二作品のスタッフの年齢差は平均して三〇歳くらいあるのです。そういう意味で『2300年未来への旅』のスタッフはプロ中のプロです。特撮スーパーバイザーのL・B・アボットは当時六八歳、『タワーリング・インフェルノ』（一九七四年）、『トラ・トラ・トラ！』（一九七〇年）、『ポセイドン・アドベンチャー』（一九七二年）など、錚々たる作品を手がけた大御所でした。監督のマイケル・アンダーソンは『暁の出撃』（一九五五年）に始まり、『八十日間世界一周』（一九五六年）、『1984』（一九五六年）、『オルカ』（一九七七年）と、長いキャリアを誇るベテラン監督です。皮肉なことに、アンダーソン監督が手がけた『暁の出撃』の空中戦シーンは『スター・ウォーズ』のデス・スター攻撃シーンに多大な影響を与えたことで有名です（インターネットで検索すると、両者の画面を並べて比較した動画も見つかるはずですが、本当にそっくりで驚かされます）。

アンダーソン監督とベテランのスタッフたちは「今まで通りのやり方」で『2300年未来への旅』を作りました。しかし『スター・ウォーズ』の若いスタッフたちは「これまで通りのやり方では、自分たちの望むような映像を作り上げることはできない」と、特撮の技術自体を開発するところから作業を始めています。出来上がった作品を見れば違いは明らかですが、この点に関して、ぼくはどちらかといえば『2300年未来への旅』に同情的です。『2300年未来への旅』はエキサイティングでセクシーな映画で、特撮も堂々たるものです。誰も見たことのない未来世界を「一から」構想し、持てる技術を尽くして映像化してみせる、という作業を本作は立派にやり遂げていると思います。**「現代と地続きでない未来」というのはどうしても作り**

物っぽく見えてしまうものですが、地続きでない以上、そういう未来像にはそれ自体として価値があると考えるからです。

壮大なスケールで描かれた未来

『2300年未来への旅』のドーム都市のミニチュアは壮麗の一言に尽きます。非常に大きい、人の身長ほどもあるビルの模型が、広いスタジオの中にところせましと配置されました。問題は、この素晴らしいミニチュアがそのまま「素晴らしいミニチュア」に見えてしまうところですが、これもまた『スター・ウォーズ』以前にはよく見られることでした（ミニチュアを巨大に見せる方法はいくつもあり、『スター・ウォーズ』は特殊なレンズを使うことでこの問題を処理しました。一方『2300年未来への旅』はミニチュアのサイズを大きくすることで対応しました。どちらの方法にもそれぞれメリットがあるので、一概に優劣を論じることはできません）。また「カルーセル」の場面では、人々が空中にどんどんと吸い上げられ、無重力状態のままぐるぐると虚空を浮遊します。ここには当時のトップクラスのワイヤーワーク技術が投入されています。

都市の内部はテキサスにあった超巨大なショッピング・モールを改造したロケセッ

トを使って撮影されました。とてつもなく高い吹き抜けや、非常に広い広場があり、そこを何百人もの未来人のエキストラが闊歩する光景には息を呑みます。設定上、未来都市には若い人しかいないので（三〇歳になったら「カルーセル」で殺されてしまうのだから当然です）、登場人物はビューティフルな若者ばかりです。コンピュータによる出産管理は、おそらく忌まわしい優生学思想とも結びついているのでしょう（加えて、劇中には整形外科のクリニックも登場します。美容整形も流行しているようです）。女の人は全員美人で、男もハンサムばかりなのが不気味です。が、限度を超えてビューティフルな人たち（もしくはフリークス）を見せるのは見世物としての映画の重要な機能でもあるので、ショーとして楽しむぶんには正解なのでしょう。『２３００年未来への旅』はエロチックでグラマラスな映画なのです。

この映画がエロチックなのは、六〇年代から七〇年代にかけて起こったセックス革命の要素が取り入れられているからです。自宅に帰った主人公ローガンは、「今日は誰とセックスしようかな」と、インターネットと転送機が組み合わさったような機械のスイッチを入れます。そうすると、映像ではなく、実際の人間が入れ替わり立ち替わりパッパパッと転送されてやってきます。今でいうところのマッチングアプリの転送機版といった方が早いかもしれません。トランスポートされてきた人を見て、気に入ったらベッドインすることもできるし、気に入らなければチェンジすることもできます（チェンジされた人は、別のどこかへと転送されていきます）。この世界では性行為と生殖が完全に切り離されたフリーセックスの桃源郷が、テクノロジーで実現しています。登場する女性の衣装も相当に大胆です。ヒロインのジェシカという女性の服は、体の前と後ろに布を貼り付けただけのようなものです――つまり、横からは全部丸見えということです。セックス革命が進行中の当時、**人々は「未来になればなるほどフリーセックスになり、より過激でセクシーなことが当たり前になっていくのではないか」と夢想しましたが、そういう欲望を本作は身も蓋もない形で反映しています**。少なくともセクシーという点において、『２３００年未来への旅』が『スター・ウォーズ』よりずっとアダルトな作品であることは間違いありません。『未来惑星ザルドス』や『少年と犬』、『赤ちゃんよ永遠に』や『ＴＨＸ１１３８』といった作品は、それぞれ設定を生かしながらディストピアにおけるセックスの問題に切り込み、同時に見せ場として活用していました。時代の空気というものもあるかもしれませんが、それこそ「七歳から七〇歳まで楽しめる」と謳われた『スター・ウォーズ』が、ことセックスに関してはまったく後退していたことを考えると、一九七〇年代のディストピア映画には

「大人の映画」という側面が確かにあったのです。

『猿の惑星』や『ブレードランナー』との共通点

この映画の後半に登場するビジュアル・ショックは『猿の惑星』（一九六八年）ならびに『続・猿の惑星』（一九七〇年）とよく似ています。苦労してようやくドーム都市を脱出することに成功した主人公たちは、廃墟と化したワシントンD.C.にたどり着きます。朽ち果てた国会議事堂にはツタが絡みつき、リンカーンの巨大な彫像がスフィンクスのように崩れかけています。しかし主人公たちは、それが何の建物で、どういう意味があるのか理解できません。このような「断絶の先にある未来」は『猿の惑星』だけでなく『未来惑星ザルドス』（一九七四年）などにも登場しますが、毎回ハッとさせられます。それこそ古代エジプトの遺跡のように、我々の文明もいつか、遥かな昔の遺跡のようなものになってしまうかもしれない……そんなことを想像してしまうからでしょうか。

ドーム都市の住民の寿命があらかじめ決定されている、という設定は『ブレードランナー』（一九八二年）と通じるものがあります。『ブレードランナー』は、脱走した人造人間「レプリカント」を追いかけて処刑する警察官が主人公ですが、レプリカントたちの寿命はあらかじめ決まっていました。『2300年未来への旅』のサンドマンが追いかけるのはレプリカントではなく人間ですが、「もともと死ぬ年齢が決まっている者が、そのことに疑念を抱いて逃げ出したら追いかけて殺さなくてはならない」というところが共通しています。なお『ブレードランナー』には体制と呼べる体制が登場しない、という意味で伝統的なディストピア映画と一線を画しており「主人公VS体制」という構図が成り立っていないのですが『2300年未来への旅』では『華氏451』（一九六六年）や『THX1138』同様、主人公はシステムと対峙することを迫られます。『THX1138』と『2300年未来への旅』はどちらもコンピュータが管理する悪夢の未来世界とそこからの脱出を描いた作品で、似ている部分も多々あるのですが、そんな『THX1138』を二〇代でものにしたジョージ・ルーカスが、のちに『スター・ウォーズ』で一九七〇年代ディストピア映画ブームに引導を渡すことになったのも、考えてみれば不思議な因縁です。

『2300年未来への旅』は、めくるめく暗黒の未来を見せてくれる作品です。ここまで書いてきた通り、そのビジュアルやルックは今みると古めかしく思えるかもしれませんが、壮大なスケールで描かれる遠い未来の風景にはワクワクさせられます。『スター・ウォーズ』や『ブレードランナー』が登場して以降、『2300年未来への旅』のように「現在の我々の世界とは完全に分断した、空想上の未来」を描く作品はほとんどなくなってしまいましたが、三百年後の未来など誰にもほとんど想像がつかない、ということは念頭に置く必要があります。三百年前の人たちが、二一世紀をどのように想像していたかを考えれば——つまり、何一つ想像できていなかったということですが——奇抜に思える未来のルックにも正当性があることが分かります。それに、何かしらのディザスターがあって文明の連続性が断たれてしまっているのですから、そういう設定の映画に「地続きのリアリティ」のようなものを求めても仕方がありません。

この映画をざっくり一言でまとめるならば、「**自分が思っていた世界の外側には、さらに広く豊かな世界が広がっていた**」ということだと思います。ディストピア映画ではありますが、この映画のラストには希望があります。大気が汚染されているので、ドームの外に出たらたちどころに死ぬ、とコンピュータは人々に思い込ませてきたのですが、それは嘘でした。**我々も、ともすれば自分が知っている世界の内側で安穏として**

いるのが一番、と思ってしまいがちですが、未知の世界に飛び込んでいけば、そこにはまったく別の風景が広がっているんだ、ということをこの映画は教えてくれているのだと思います。それと、内容でなく作品が置かれた状況ということから考えるならば、本作は**「旧世代の映画製作者が作りあげた、最後のディストピア大作」**と言うことができるでしょう。それゆえの味わいに満ちた、壮大な未来ＳＦ映画だと思います。

本文でも触れましたが『2300年未来への旅』はおそろしくセクシーな映画で、とくにドラッグでハイになった大勢の人が欲望の赴くままにセックスにふけっている「ラブ・ショップ」の場面は強烈です。とはいえ、この場面は元々さらに長かったものを、PG指定にするためカットしたものなんだそうです。本作はロケ撮影のほとんどをテキサスで行っていますが、「ラブ・ショップ」の場面もダラスに実在したディスコ・レストラン「オズ」で撮影されました。実現するかどうか分かりませんが、本作もリメイクされるという噂があって、ライアン・ゴズリングがローガンを演じる予定だと言われています。ゴズリングは『ブレードランナー2049』（二〇一七年）にも出演しているので、もし『2300年未来への旅』のリメイクに出演したら、立派なディストピア映画俳優……そんな言葉はないか、しかし対照的なディストピア映画に出ることになって面白いと思うので、ぜひ実現してもらいたいものです。

本は読んでおけ！

『華氏451』

（一九六六年・イギリス／原題：Fahrenheit 451）

監督：フランソワ・トリュフォー
出演：オスカー・ウェルナー／ジュリー・クリスティ／シリル・キューザック／アントン・ディフリング

あらすじ
思想管理が徹底された未来社会では、読書が一切禁止されていた。書物を焼き払うことを任務とする「ファイアマン」として働くガイ・モンターグ（オスカー・ウェルナー）は、テレビばかり見ている妻と無味乾燥な生活を送っていた。彼はとある女性と出会ったことをきっかけに、活字の持つ魅力に取り憑かれ、焚書行為に疑問を持ち始める。

紙が燃え出す温度

夢中になって本を読みふけった経験、というのは多くの人が共有するものだと思います（そう思いたい、という願望ととってもらっても構いません）。時間が経つのも忘れて文字を追ううちに辺りが暗くなっていたり、あるいは朝になってしまったことは何度となくあります。読書がもたらす没入感やトリップ感、目の前が次々と開けていく感覚、といったものは強烈で、他のメディアで代替することはできません。文学作品を映画化したものは、映画としての感動をもたらすのであって、読書によって得られる何ものか――それが感動のこともあれば、あるいは嘔吐を催すような嫌悪感であったり、知識を吸収することが持つ根源的な悦びの感覚かもしれませんが――は、やっぱり本を読むことでしか獲得できないのです。もちろん、これは「全体として」の話です。部分的に、たとえばストーリーやキャラクターの面白さを映画に置き換えて伝えることは当然可能だと思います。が、どれほど原作に忠実に映画化を行ったとしても、あまりに多くのものが抜け落ちてしまうことは言うまでもありません。だからこそ本を映画化する際には、どの部分が映像表現に適しているかを考えた上で、大胆な取捨選択を行う必要が出てきます。

今回取り上げる『華氏451』は、レイ・ブラッドベリの小説『華氏451度』の映画化です。監督はフランソワ・トリュフォーで、これは彼が初めて撮ったカラー作品であり、また唯一の英語作品でもあります。題名になっている「華氏451」とは、紙が燃えだす温度(発火点)のことです(なお、紙にはいろんな種類があるので、実際の発火点にはもう少し幅があります)。華氏四五一度は摂氏に直すとおよそ二三三度くらいです。

『華氏451』は、形式的にはディストピアを描いたSF映画ということになるのでしょうが、いわゆる「SF映画」という感じではありません。派手な特撮があるわけでもなく、また未来的なガジェットもあまり登場しないからです。公開当時より進んだテクノロジーは登場するので、一応、舞台は未来なのでしょうが、印象としては未来でもあり、過去でもあるような、不思議な感じです。撮影はイギリスで行われていますが、印象的な使われ方をしているモノレール以外、ロケ地もあまり未来っぽさを感じさせるものではありません（むしろ、社会主義的な雰囲気の感じられるロケーションが多いです）。

この映画のオープニング・タイトルはきわめてユニークです。家々の屋上に立てられたテレビのアンテナにカメラが次々とズームしていく映像にかぶせて、淡々とした口調でクレジットが読み上げられます。「アングロ・エンタープライズ・プロダクション製作、オスカー・ウェルナー、ジュリー・クリスティ主演、『華氏451』。共演、シリル・キューザック、アントン・ディフリング……」。画面に文字は表示されません。なぜかというと、『華氏

モンターグ
（オスカー・ウェルナー／左）は
森でクラリス
（ジュリー・クリスティ／右）と
再会を果たす。

451』の世界では「文字（＝文章＝本）を読むこと」が禁じられているからです。

主人公モンターグ（オスカー・ウェルナー）の職業は「ファイアマン」といいます。英語で「ファイアマン」といえば普通は「消防士」という意味ですが、『華氏451』の世界の「ファイアマン」は、身なりや専用の車両こそ消防士を思わせるものですが、その業務は「隠されている本を探し出して燃やし尽くす」こと、つまり焚《ふん》書《しょ》です。「ファイアマン」という言葉の意味は反転させられています。密告などで誰かの家に本が隠されている、ということを知るとファイアマンたちが消防車のような車でやってきて、家中を引っくり返して本を見つけ出し、それを焼き尽くしてしまいます。**「本は人を不幸にする」もので、本を所持することや、読書をすることは反政府活動だとみなされているのです。**「ファイアマン」のシンボルはサラマンダーという、伝説に登場するトカゲです。サラマンダーは炎と関連付けられる生き物で、火の中でも生きていられるとされています。

未来か過去か

先に『華氏451』の世界観について「未来でもあり、過去でもあるような、不思議な感じ」と書きましたが、その感じは建物や景色から受ける印象だけではありません。この映画に出てくる電話機は、どれも二〇世紀初頭の手回し電話機を思わせるクラシックなものです。また、モンタージュは妻リンダ（ジュリー・クリスティ）から「最新式のものよ」と、ひげを剃るための剃刀《かみそり》を渡されます。床屋さんが使うような、二つ折りの西洋剃刀です。「こっちはもう古いし、いらないわね」と奥さんは電気シェーバーをゴミ箱に捨ててしまいます。**テクノロジーが進みつつあるのか、後退しつつあるのか……どうにもおかしなことになっています。文字や本が禁止されてから、どれほどの年月が過ぎているのか分かりませんが、知識や技術の伝達が難しくなっているのかもしれません。**書かれた文字を使わずに複雑な技術や知識の蓄積を次世代に伝えることは、おそらく不可能だからです。モンタージュの奥さんがオーバードーズで倒れてしまったときにやってくる「救急隊員」も、その感覚を増幅させます。つるつるの作業着のようなものを着た彼らは医者ではありません。「ああ、こんなの大丈夫大丈夫、血を入れ替えちゃえばすぐ治るからさ、ちょっと待ってな」と言って「治療」に取り掛かるさまは、記号的な配管工か整備士のイメージです。科学や医学を次代に引き継いでいくこともできていないのでは……と思わざるを得ません。

冒頭、モンターグがモノレールで職場へと向かう場面は印象的です。モノレールの乗客は、みな自分のことに夢中です。一人の少女はガラスに映る自分の唇にキスをします。自分の体を愛おしそうに撫で回している男がいます。こうした光景は本作の随所に挟み込まれていますが、なぜ彼らが自分だけを愛でているかといえば――端的に言って、この世界では他者との交流が制限され、コミュニケーションが断絶させられているからです。本を読むことは想像力を養いますが、読書の機会が徹底的に奪われているため、人々は他者というものをうまく想像できなくなっており、いつも自分のことだけを考え、鏡を見てうっとりするばかりなのです。モンターグの奥さんは日がな一日、自宅でドラッグを摂取しながら双方向性のテレビを見て過ごしています。テレビの人気番組は、知らない人々（「いとこたち」と呼ばれます）が会話をしている最中、一人が突然視聴者の方を向いて「ところでリンダ、あなたはどう思う？」と、個人に向かって話しかけてくるというものです。制限時間の間に返事をして（テレビにカメラもついているのだと思います）、それが正解だとテレビの中の人は会話に戻りつつ、「リンダの言う通りだよ！」などと、視聴者を立てるようなことを言ってくれます。しかし、会話はテレビの中の「いとこたち」の間でしか行われておらず、視聴者はイエスかノーかで答えられるような簡単な事柄について選択をするだけです。バーチャルで、なおかつ実際には「対話」とは言えない、このような番組が現実の人との交流や対話の代用品になっているわけです。本作は一九六六年の映画ですが、こうしたディテールはぞっとするほど予見的です。

なぜ本を焼くのか

モンターグは通勤途中で、近所に住む若い女性クラリス（ジュリー・クリスティ／二役）に声をかけられて驚きます。知らない人に声をかける、ということ自体が珍しい上、「ファイアマン」は市民から恐れられているので、制服を着た自分に対し臆することなく話しかけてきたことに驚いたのです。道すがら、クラリスはモンターグに尋ねます。

「なぜ本を焼くの？」

「仕事だからだよ。他の職業と同じで、仕事だからやるんだ。月曜はヘンリー・ミラーを焼いて、火曜日はトルストイ、水曜日はホイットマン、金曜日はフォークナー、土曜と日曜にはショーペンハウエルとサルトルを焼く。〈灰になるまで焼いて、灰もまた焼く〉というのがファイアマンのモットーさ」

クラリスに「じゃあ、あなたは本が嫌いなのね」と言われてモンターグは言い返します。

「本はガラクタだ。何の役にも立ちやしない。本を読む連中がまだいるのは、禁じられていることに対する反動だよ。本は人を不幸にするものだから禁じられている。本は人々を動揺させ、反社会分子へと変えてしまうものだ」

しかしクラリスと知り合い、話をするうちにモンターグの中に「禁じられた本を読んでみたい」という密かな欲望が頭をもたげてきます。やがて彼は本をこっそり自宅に持ち帰り、「読む」行為に没頭するようになります。彼が初めて読んだのはチャールズ・ディケンズの『デイヴィッド・コパフィールド』ですが、この場面で観客はモンターグと同様、（この映画の中で）初めて印刷された文字を目にすることになります。オープニングのタイトルが文字でなく、ナレーションだったのは観客に文字を見せないためでもあったのです（オープニングがナレーションだった理由はもう一つありますが、それについては後述します）。おずおずと、モンターグは指で文字を追って本を読み始めます。生まれて初めて本を読むモンターグは、すべての文字を追っていきます。

『デイ……ヴィッド・コパ……フィールド』……チャールズ・ディ……ケンズ、著、フィズ……による挿し絵、四〇枚入り、ロンドン……チャップマン・アンド・ホール……出版、ならびに、ハンフリー・ミルフォード……出版、ニューヨーク市、オックスオード大学、出版局……」。読まなくてもいい、出版社の住所まで読んでしまうところから「ああ、この人は本当に本を読んだことがないんだ！」という感覚がしっかりと伝わってきます（なお、モンターグは少なくともアルファベットを読めるわけですが、その理由は映画では示されません）。

モンターグは読書の悦びに目覚め、辞書を引きながら毎晩のように読書にいそしみます。妻との距離はどんどん離れていきます——というか、もともと彼女とモンターグの間には関係と呼べる関係もなかったのです。隠れて読書を続けながらも、モンターグは「ファイアマン」としての仕事もこなさねばなりません。以前は何の躊躇もなく本を積み上げて焼き尽くしていたのですが、本がどのようなものか分かってしまった今、モンターグの心には葛藤が芽生えます。おそらくそれを見越していたのでしょう、ある日、とある中年の婦人の家に大量の蔵書が発見されたとき、図書館とも見紛うような隠し部屋で「ファイアマン」の上司《キャプテン》がモンターグを諭す場面があります。ちょっと長くなりますが、大事なセリフなので引用します。

「〈ファイアマン〉は誰しも、仕事を続けるうちに一度は（自分たちが焼いている）本の中身は何なのだろうと疑問を持つことがある。たまらなく知りたくなるんだ。そうじゃないかね？　いいか、よく聞くんだ、モンターグ――そこには何もないのだ。本は何も教えてくれない！

ここにあるのは小説だ。どこにも存在しなかった人たちについての物語だ。そんなものを読むと、人は自分の人生に満足できなくなる。実際にはあり得ない、別の生き方とやらをしてみたくなるんだ。

こっちは哲学書だ。これは小説よりもっと悪い。哲学書はどれもまったく同一のことしか主張していない。〈自分だけが正しく、他の者はみんな馬鹿だ〉とね。哲学は一世紀にわたって〈人間の運命はあらかじめ決定されている〉と言ったかと思うと、次には〈選択の自由がある〉という。ファッションと同じだ。今年は短い丈、来年は長い丈ってな。

もう死んだやつらの本もある。〈自伝〉と呼ばれるものだ。自伝、日記、回想録……。最初は『ただ書き残したい』という衝動だったかもしれん。しかし二冊目、三冊目ともなると、そこにあるのは自分の虚栄心を満足させるということだけだ。自分はそこらの大衆とは違う人間なんだと。そうすることで自分以外の他人すべてを見下せるようになる。

批評家賞をとった本があるな。こいつはいい。批評家に好かれるなんて、幸運な野郎だ。モンターグ、答えてくれ。文学賞と名の付くものが毎年どれほどあったと思う？　五つ？　十？　四〇？　いやいや、千二百もあったのだ。紙に字を書くことさえできりゃ、誰もがいつかは賞がもらえたってわけさ。『ロビンソン・クルーソー』ね。黒人はこの本を嫌った。家来のフライデーが出てくるからだ。これはニーチェだ。ユダヤ人はニーチェなど好まなかった。ここには肺ガンについての本がある。喫煙者はこれを読んでパニックを起こしたよ。つまり、皆が精神の平穏を得るために、我々はこうした本を燃やさなきゃならんということだ。

これはとても深遠な本だ。アリストテレスの『倫理学』。読んだ者全員が、読んでいない人より優れていると思うようになる本だ。

分かるだろう。こんなものはよろしくないのだ、モンターグ。我々は皆、同じようでなくてはならない。みんなが平等であることが、幸福になる唯一の道だ。そのためには、本を焼かなければならないんだ」

『華氏451』における焚書はナチスをモデルにしており、「ファイアマン」の黒い制服がSSを思わせるだけでなく、モンターグを演じたオスカー・ウェルナーがオーストリア出身でドイツ訛りの英語を話すところもナチスを想起させます。しかし、ここでキャプテン（シリル・キューザック）は、ナチスの焚書（それ自体、本当に忌まわしいものですが）のさらに「その先」を行っています。**ここで語られていることは、人間を低いレベルにとどめておくことで見かけ上の「平等」を成り立たせる、というおそろしくねじくれた論理です。**番組で「ざっくり一言解説」をやっているぼくが言うのも何ですが、キャプテンははっきり悪意だけを持って書物を「要約」しています。書物の内容もその影響も「他者に対する優位性への渇望」に根ざしているとする、この論法に慄然とさせられるのは……そういう物言いをする人たちが現実に存在するからです。

文字を失った世界

『華氏４５１』は「本が禁止された世界」という設定を使って、文明の終焉を詩的に描いた作品です。本とか文字が、人類の歴史や文明全体をシンボライズする記号として使われているわけです（そして、それは実際にそうです）。『１９８４』（一九五六年／一九八四年）では「党」が語彙を制限し、言葉から意味を剥ぎ取っていくことで人々が自分で考える能力を奪うさまが描かれていましたが、『華氏４５１』はまた別のアプローチで「文字を使って表現されたものが一掃された結果、感情や思考が極度に単純化されてしまった世界」を見せてくれます。文学がなくなってしまったことで、人々の情動は反射的になり、「快・不快」くらいしか感じられない状態にまで貶《おとし》められているのです。

自宅にやってきた妻の友人たちを前に、モンタークが小説を読んでみせる場面があります。そのとき、友人の一人が文学に触れたことで、これまで失っていた感情が沸き起こり、泣き出してしまうのですが、それを見て妻は怒ります。「せっかく、幸せに生きていた人を混乱させ、感情的にさせるなんて、本当にひどい、どうかしているというのです。一般化できることかどうかちょっと自信がありませんが、ぼくもこの場面で描かれていることと同じような雰囲気を感じることがあります。人と話していて、まったくニュアンスが通じないというようなときです。そういう人は決まって「○か×か」で物事を単純化したがるのですが、割り切れないことがある、というか、グレーゾーンの無限の階調が本人の中に存在しないのではないか、と想像して背筋が冷たくなることがあるのです。

政治家が専門家を嘲笑したり、ビジネスで要求される技能に比べて芸術や文学には価値がないと言い募り、そういう視点から高等教育を解体して職業訓練学校のようなものにしたい、という欲望を着々と実現させつつある時代を我々は生きています。二〇一四年に行われた文部科学省の「実践的な職業教育を行う新たな高等教育機関の制度化に関する有識者会議」では、大学をG型とL型に分けて再編したら良いという提言がなされました。G型大学というのは「グローバルで通用する高度なプロフェッショナル人材」を輩出することを目的としており、これは一部のトップクラスの学校を念頭に置いているそうです。残りの大学はL型に位置づけられ、そこでは「ローカルな労働集約型の産業で生産性向上に資するスキル保持者」の育成を行うべし、というのです。この有識者会議で「経営共創基盤」という会社のCEOが提出した資料は驚くべきものです。そこには「L型大学で学ぶべき内容」として、文学部・英文学部では「シェイクスピア、文学概論ではなく／観光業で必要となる英語、地元の歴史・文化の名所説明力」が、法学部では「憲法、刑法ではなく／道路交通法、大型第二種免許・大型特殊第二種免許の取得」が、はたまた工学部では「機械力学、流体力学ではなく／TOYOTAで使われている最新鋭の工作機械の使い方」という提言がなされていたのです。つまり、トップランク以外の大学の学生は、企業の奴隷になるための下準備だけを大学でやっておけ、ということです。

こうした事象について鋭い考察を加えたマーク・フィッシャーの『資本主義リアリズム』（堀之内出版／セバスチャン・ブロイ、河南瑠莉・訳）の一節にはこうあります。「映像がぎっしり詰まっている資本の情報を、ティーンエイジャーはとくに活字を追うことなしにたいへん効率よく処理できる。ネット上のモバイルマガジン的な情報空間を渡っていくには、スローガンを認知するだけでこと足りる。〈書くということは決して資本主義の得意分野ではない。資本主義はどこまでも文盲的である〉とドゥルーズ＝ガタリは『アンチ・オイディプス』の中で述べている。（中略）成功したビジネスマンの多くが失読症であるゆえんだ（しかし、彼らのポスト識字的な能率のよさは、彼らの成功の原因なのか、それとも結果なのか？）」。

どうやら『華氏４５１』は思った以上に現代社会を先取りしていたようです。**本を読むことを通じて自分の頭で考えることは、既に現実の社会の中で無益なこととみなされ始めているのかもしれません。**

フランソワ・トリュフォーはフランスのヌーヴェルバーグを代表する監督の一人ですが、ぼくにはヌーヴェルバーグについて多少なりとも語れるだけの知識も素養もないので、そこについては置いておきます。ただトリュフォーはもともと『カイエ・デュ・シネマ』誌に映画評を書いていた批評家でもあるため、(文字で)書かれたテキストというものの重要性に敏感だったことは容易に想像がつきます。読書も大好きだったトリュフォーが、どんな思いで焚書の場面を撮影していたか考えると、ちょっと切なくなります(焚書の場面では『カイエ・デュ・シネマ』誌も一瞬映ります)。というか、ぼくは本が焼かれる映像を見ると、ドキュメンタリーかフィクションかを問わず本当に辛い気持ちになってしまいます。『インディ・ジョーンズ／最後の聖戦』(一九八九年)にはナチスの党大会で盛大に焚書が行われる場面が登場しますが、今でも見るのが辛いシーンの一つです。フランソワ・トリュフォーは『未知との遭遇』(一九七七年)のUFO学者役でもおなじみですが、御本人もまさにあのキャラクターのように純粋そのものの人だったそうです。

本の人たち

映画の後半、自宅に書物を隠し持っていたことが露見したモンタージュは追われる身となり、放浪の果てに「本の人たち」が暮らす森に到着します。「本の人たち」というのは、一人一冊、本をまるごと暗記している人々で、年老いてしまった「本の人」

は、その記憶を次世代に伝えます。そうすることで、たとえ世界中の本という本が焼き尽くされても、その内容が後世に残るようにしているのです。彼らは一冊の本を丸暗記すると、元の本を焼き捨ててしまいます。ファイアマンがどうしようと、「ないものは奪えない」からです。モンターグがこの場所のことを知ったのはクラリスに教えてもらったからですが、森にはクラリスの姿もありました。モンターグも「本の人」になるのだろう、ということを示唆して映画は静かに終わります。

なお映画のオープニング・タイトルを読み上げていた声は、森で最初に出会った「本の人」（アレックス・スコット）のものでした。オープニングとは違い、映画の最後には「THE END」の文字が表示されます。これは、文字で書かれた書物が復権する日を予見しているのでしょうか？　そうかもしれません。

この映画をざっくり一言で言うと「**本は読んでおけ！**」という話です。本を読んで知らない言葉を知り、語彙を増やしておくのはとても重要なことです——と言っておいてなんですが、ぼくも自分の語彙力のなさは日々痛感するところで、だからモンターグのように辞書を傍らに置いて読書をすることで、少しでも語彙を増やそうとしています。機微やニュアンスといったものを表現したり、あるいは感じ取ったりするためにはそれに対応する語彙が絶対に必要です。敵対的な、または抑圧的な相手と対峙するときも、「向こうが持っていない語彙」を持っていれば強い武器になります。もちろん、語彙がどうのという以前に、**本を読むこと自体がとても楽しいということは言うまでもありません。人間は本を通じて、真に時空を超越することが可能だからです。**

『華氏451』は二〇一八年にテレビ映画としてリメイクされました。リメイク版でモンタークを演じたのは『クリード／チャンプを継ぐ男』（二〇一五年）でアドニス・クリードを演じて人気のマイケル・B・ジョーダンです。リメイク版は時代を反映してか、国家が放送するニュース映像に視聴者が押した「いいね！」マークや「ひどいね！」マークが表示されるようになっていて、確かにこうしたマークは文字でなく記号を介したコミュニケーションなので「なるほど！」と思わされました。ただ一方で、否が応でも現実のSNSを思い起こしてしまうため――そしてSNSでは文章は短くとも文字によるやり取りが活発に行われています——どこまで効果的だったのかといえば疑問が残ります。日常にコンピュータが入り込んでいる状況で「文字が禁止された世界」を描くのも無理があったと思います。コンピュータのプログラミングは文章を使って行われるからです。

Punishment Park

歩み寄ることができなくなった
社会は恐ろしい

『懲罰大陸☆USA』

（一九七一年・アメリカ／原題：Punishment Park）

監督：ピーター・ワトキンズ
出演：パトリック・ボランド／ケント・フォアマン／カーメン・アルジェンツィアノ／ルーク・ジョンソン

あらすじ
一九七〇年、アメリカ国内ではベトナム戦争への反対運動が盛り上がりを見せていた。アメリカ政府はマッカラン国内治安維持法のもと、「反政府的危険人物」と判断した人々を次々と捕らえた。捕らえられた人々は「懲罰パーク」に送られ、人間狩りのターゲットにされたうえで処刑されてしまうのだ。

あり得たかもしれないアメリカの姿

『懲罰大陸☆ＵＳＡ』は一九七一年の作品で、非常におっかない映画です。原題は『Punishment Park／パニッシュメント・パーク』といって、これは「懲罰パーク」という意味です（「パーク」というと「公園」と思ってしまいがちですが、この映画の「パーク」は国立公園のような広大な土地なので、そのまま「パーク」と訳した方がいいと思います（『ジュラシック・パーク』〈一九九三年〉も『恐竜公園』と訳したら、なんだか狭い感じに響いてしまったことでしょう）。本作の舞台は未来のアメリカではありません。そうではなく、まったく同時代のこととして「ディストピアとしてのアメリカ」を描いています。つまり本作の世界は、現実と代替可能なくらい近接したパラレルワールドだと言ってよいでしょう。硬質なドキュメンタリータッチの映画なので、知らずに観たら記録映画だと思ってしまうかもしれません。それほどの迫真性が本作には満ちています。だからおっかないのです。

「ディストピア映画」は、基本的に観ていて気が滅入るジャンルです。当然ですよね、悪夢的な、抑圧的な状況の元で個人が踏みにじられ、圧し潰されるさまを描くものだからです。それでも舞台が未来社会ならまだましです。ディストピア映画は陰鬱な想像力に訴えかけるものでもあって、たとえそれが暗黒の未来像であっても、ビジュアルや設定が現実とかけ離れていれば、そういう「世界観」をダークな娯楽として楽しむことができます（もちろん、物語的には「なんてひどい話なんだ！」と思いつつですが、それはディストピアものに限らず、悲劇的で悲惨なドラマを「楽しめる」のと同じことで

「反政府的危険人物」と
みなされた人々は、
世にも恐ろしい人間狩りの
ターゲットになってしまう。

す）。しかし『懲罰大陸☆ＵＳＡ』は、リアリティのレベルが現実に限りなく近いため、そういう心の余裕を持つことを許してくれません。**「今、あなたの暮らしている現実こそが地獄そのものなのだ」と突きつけてくる作品なので、まったく心休まる暇がないのです**。それでも何度か繰り返して観ると、だんだんこの映画の持つ虚構性を意識できるようになるんですが、最初に観たときは緊張感でヘトヘトになってしまいました。

簡易裁判と人間狩り

『懲罰大陸☆ＵＳＡ』の舞台は一九七〇年のアメリカです。ベトナム戦争が激化する中、カンボジアへの爆撃計画を進めるため、ニクソン大統領が国内治安維持法を発令します。これにより、連邦政府は令状なしで人々を逮捕できるようになりました。「治安の維持」を名目に国家が「反政府的」だとみなした人間の自由や権利を侵害することが可能になったわけです。**法律というのは必ずといっていいほど恣意的に運用されるものですが、誰に対しても「国家の敵」というレッテル貼りができる権限を体制に与えてしまうことは非常な危険を伴います**。そういう法律があっても「自分は関係ないからいいや」と思う人は多いと思いますが、「関係ある」か「関係ない」か決めるのは自分ではありません。それどころか、悪意を持った第三者があなたのことを「国家の敵」だと密告する可能性もあります。「嘘を密告されたって自分は絶対に大丈夫」と言い切れればいいのですが、密告を受けた側（体制側のことです）はそういう場合、あなたに問題あるいは秘密があるはずだ、という前提で身柄を拘束し、尋問してくるはずです。疑心暗鬼になった人間、それも警察官や憲兵といった人たちを相手に、どこまで「真実」が通用するのか、ぼくには自信がありません。否定すればするほど怪しいと思われてしまうという、暗黒のスパイラルを抜け出せるのか、はなはだ疑問だからです。

『懲罰大陸☆USA』では、逮捕された人々は民間から募った裁判員による簡易裁判にかけられます。政府のカンボジア爆撃に異議を唱えた人、徴兵に逆らった若者、反戦ソングを歌うフォーク・シンガー……いろんな人たちが次々と裁判にかけられていきます。「裁判所」は野戦病院のような、粗末なテントの中にあります。外で何が行われているのかは分かりませんが、断続的に銃声が響いてきます。即決裁判による処刑が行われているのでしょう。パン、パン、パン、という音が神経を逆なでします。

裁判にかけられた被告人は選択を迫られます。一つは十数年という長期にわたる懲役刑ですが、別の選択肢もあります。それが「パニッシュメント・パーク」と呼ばれる土地で数日間過ごす、というものです。「パニッシュメント・パーク」の実像は誰も知りませんが、おそらく強制労働キャンプのようなものだろう、と思っているのでしょう、「ひどい仕打ちを受けるにせよ、数日間のことじゃないか」と思って彼らは皆「パニッシュメント・パーク」を選んでしまいます。十何年も懲役に服することを考えたら、誰でも短い刑の方を選ぶに決まっています。

捕らえられた人々は砂漠に放たれます。そこで彼らは「三日間かけて、砂漠の果てに立てられているアメリカ国旗」まで徒歩でたどり着くよう言われます。もし、そこまで行き着くことができたら釈放してくれるというのです。ただし、武装した警官隊に追いつかれなければ、の話です。警官隊に捕まったらその場で処刑されます。つまり「パニッシュメント・パーク」とは、砂漠で行われる「人間狩り」のデス・ゲームだったのです。戦慄を覚えるのは、じゃあ長期間の懲役刑を選んでいたら良かったのか？　というわけでもなさそうなところです。懲役刑を選んでも、おそらく劣悪な環境や看守の虐待によって殺されてしまう可能性がとても高いわけで、つまりどちらを選んでも「負け」しかない、どん詰まりの状況で人々はデス・ゲームを選ぶよう仕向けられているのです（予算や手間を考えても「パニッシュメント・パーク」の方が体制にとって都合がいいはずです）。

この作品が作られた背景には、アメリカで実際に起こった事件があります。一九七〇年にケント州立大学で学生がベトナム戦争反対の集会を開いていたところ、警備のため派遣されていた州兵が参加者に発砲、学生が殺されてしまうという事件がありました。一九六八年にシカゴで行われた民主党大会では、ベトナム戦争に反対するデモを行っていた人々が逮捕され、有罪判決を受けました（「シカゴ・セブン」事件）。この裁判では被告の一人が裁判官を罵ったため、彼の口には猿轡《さるぐつわ》がかまされました。政府のやることに異議を申し立てたり、抗議活動をした人々が逮捕されたり、権力によって殺されてしまう、ということは当時実際に起きており、『懲罰大陸☆USA』はそれを一種のモキュメンタリー（ドキュメンタリー風のフィクション）として描きました。監督のピーター・ワトキンスはBBCでドキュメンタリー番組に携わっていたこともあり、モキュメンタリーは彼の得意分野です。

わずか四日間で上映中止

この映画は低予算のインディペンデント映画です。わずかな役者を除いて、本作のキャストは素人がほとんど。実際に学生運動に参加している人も出ているし、警官役の中には本物の元・警官もいます。彼らが口にするセリフも、実際に思っていることを口に出してもらってそれを使ったりしています。その効果は前半の裁判シーンにはっきりと見ることができます。そこにあるのは分断です。登場人物はみなアメリカの市民ですが、彼らは政治的な立場や世代によって分断されてしまっています。旧世代は若者の主張にまったく聞く耳を持ちませんし、体制に与する側の人々は異論を唱える人のことを頭ごなしに否定します。逆もまた然りです。**政治信条、あるいは理念の違いだったはずのものが、国家というフィルターを通すことで沸騰し、完全に分断された状態へと突き進んでいきます**。

この映画は本国アメリカで公開されたとき、わずか四日間しか上映されませんでした。監督自身も「なぜ急に上映が止められてしまったのか分からない」のだそうです。劇場にお客さんが集まらなかったとしても、ここまで短期間での上映打ち切りというのはなかなかないことです。さらにアメリカでは、テレビ局の人々が「この映画だけは未来永劫、絶対にアメリカのテレビで放映しない」と宣言しています。監督はその理由について、次のように言っています。

「この映画が人々の怒りを買うのは、ディストピアを描いているからというより、裁判のシーンが原因だろう。若者が自分たちの思っていることを堂々と口にする、ということ自体が問題視されているのだ」

批判を許さないパターナリズム

裁判のシーンを観ていると、裁判員の人々が国家を空想上の父親のような存在だと考えている、ということがよく分かります。国家の行為は、たとえそれが人権の制限や弾圧のようなことであっても、「親が子供のために良かれと思ってすること」と同じく「良きこと」だと思っているのです。彼らはパターナリズムに染まりきっていて、「お前らは国に面倒を見てもらっているのに、刃向かうとは何事だ！」という、お決まりの文句を口にします。批判はあらかじめ封じられてしまっています。子供が逆らうのを許さない親のように、「お前たちが自分の頭で考えて判断することなどおこがましい」と言うのですが、そういう自分たちは単に思考停止していて、批判的にものを考えることを放棄してしまっているだけなのではないか、と思います。国家が正しい判断をすることがないと言っているわけではありません。国家や権力が間違えることも往々にしてある、というだけのことですが、それを認めたくない人は沢山います。そういう人は「国家」というものを内面化してしまっているのだと思いますが、自分の生殺与奪権を握っている相手の心情を内面化することで何が得られるのか、理解しかねる部分があります。寄らば大樹の陰と思っていても、大樹の方がそれをどう受け取めるかは別問題だからです。

裁判シーンを撮影するにあたっては、撮影直前まで被告側と裁判員側、それぞれのキャストが顔を合わせないようにしていたそうです。お互いのことを何も知らないまま、真逆の意見をぶつけ合うことで生まれる緊張感やリアリティを重視したからです。監督はこの演出によって、「知らない人間に対して、人がどこまで残酷になれるのか」ということを表現したかったのでしょう。事前に顔合わせをしていたらお互い手加減してしまう可能性もあり、監督が求めるギスギス感は得られなかったかもしれません。裁判の場には弁護士もいます。そのため、手続き上は被告側も自らの立場を弁明できるよう保証されているように見えますが、実際はその逆です。何を言おうとしても「却下」「却下」でとりつくしまもありません。体裁が整えてあるだけで、反論の機会など実際には皆無なのです。このシーンは、ルールを恣意的に適用することで、どんなひどいことが可能になってしまうのかをうまく可視化することに成功しています。

裁判を仕切っている人たちは「いちいち考えないで言われたことをやっていればいいのに、なんで余計なことをするんだ」と本気で思っています。「裁かれる側＝体制を怒らせることをやった人たち」が、なぜそう考え、行動に移したのか、まったく理解できていない。それもこれも「父親としての国家」は無謬《むびゅう》であるはずだ、という観念が染み付いているからです。恐ろしいのは、時折、こうした裁判員側の物言いにも一理あるように感じられるところです（正直、ぼくはあまり感じませんが、そう感じる人もいるだろうということは想像できます）。彼らは「絵に描いたような悪」ではありません。邪悪さから被告人を断罪しているわけではなく、自分たちの信じる「正義」を振りかざしているだけです。**イデオロギーによって人々が分断される、ということは、相容れない「正義」がぶつかり合うだけの泥沼をもたらします。**お互い、相手がなぜそんな（自分にとって）理屈の合わないことを言っているか理解できなくなり、コミュニケーションの可能性がどんどん遠ざかっていってしまう……。『懲罰大陸☆ＵＳＡ』

をざっくり一言で言うと「**歩み寄ることができなくなった社会は恐ろしい**」ということだと思います。

「話せば分かる」が幻想だということが分かっていても、現実に、また本作のような映画の中でそれを突きつけられると本当に落ち込んでしまいます。最も恐ろしいのは、自分も実は「話せば分かる」という建前を信じていないばかりか、意見が一致しない相手を前にしたときに、歩み寄る努力をあっという間に放棄してしまいがちだ、というところにあります。議論の立脚地点が異なると「ああ、これはいくら懇切丁寧にこちらが話したところでどうせ無駄だ」と思ってしまい、コミュニケーションの可能性を自ら閉じてしまう、そういうことは日常的にあります。残念ながら本書に収録できなかったディストピア映画に『SF／ボディ・スナッチャー』（一九七八年。一九五六年の映画『ボディ・スナッチャー／恐怖の街』のリメイク）がありますが、イデオロギーの異なる相手が「得体の知れない、人間ではない何者か」だと思ってしまうことの危険性は常に意識しておきたいです。

どんなシステムにも抜け穴はある

『マイノリティ・リポート』

（二〇〇二年・アメリカ／原題：Minority Report）

監督：スティーヴン・スピルバーグ
出演：トム・クルーズ／コリン・ファレル／サマンサ・モートン／マックス・フォン・シドー

あらすじ
テクノロジーが進歩した近未来の世界では、殺人犯が実際に事件を起こす前にそれを予知し、警察が事前に逮捕できるというシステムが採用されていた。犯罪予防局で働く刑事ジョン・アンダートン（トム・クルーズ）は、ある日自分自身が殺人事件の容疑者となってしまう。追う側から追われる側になってしまった彼の運命は……？

犯罪が起こる前に逮捕する予防警察

少し前のニュースに、こんな記事がありました。

◎独ベルリン警察、犯罪予測ソフトの導入を検討（二〇一四年一二月三日ＡＦＰ）

犯罪の発生を予測するソフトウエアの導入がドイツ・ベルリンの警察で検討されている。このプロジェクトは、米ＳＦ映画『マイノリティ・リポート』に登場する予知能力者らにちなんで「Precobs（プリコブス）」と命名された。

（中略）

このソフトウエアは、さまざまなデータに基づき、犯罪が発生する可能性が最も高い時間と場所を予測する。

（中略）

Precobsは、家宅侵入などの過去の犯罪が起きた場所や時間などの詳細に関するデータに依存している。新たな事件の通報があると、プリコブスはそのデータを分析し、未来の犯罪対象を示唆するパターンを探す。

（中略）

人権活動家らは、二日の独日刊紙ベルリナー・ツァイトゥング（Berliner Zeitung）で、現在の匿名データの代わりにゆくゆくは個人情報が用いられる恐れがあるとの懸念を表明した。©ＡＦＰ

◎元記事のＵＲＬ
http://www.afpbb.com/articles/-/3033259

我々は既に文字通りの超・監視社会を生きています。わけてもイギリスや日本は監視カメラ大国として知られており、至るところに設置された監視カメラが四六時中、ぼくやあなたを見張り、記録し、そのデータをどこかへ送信し続けています。イギリス全土には推定で四百万台〜五九〇万台もの監視カメラが設置されているということですが（英国セキュリティー産業協会〈ＢＳＩＡ〉のレポートによる）、日本も負けてはいません。一説によれば、二〇一六年の時点で既に五百万台を超す監視カメラが設置されているといいます。イギリスや日本の都市部に暮らす住民はこうした監視カメラによって、一日に二百枚〜三百枚もの写真を撮られています。仮に一日に二百枚撮られるとした場合、一年で七万三千枚という膨大な「あなたの写真」が、誰かのもとへと送り届けられ、分析され、分類され、保存されているわけです。

「監視カメラが沢山あって、なんだか嫌な感じだなあ」とぼくはいつも思っているのですが、こうやって数字にしてみることで、日々自分がどれだけ監視されているのか実感できるようになります。

監視カメラの存在によって落ち着かない気分にさせられるのは、後ろ暗いところがあるから……ではありません。そうやって得られた情報や映像をもとに、「こいつは後ろ暗いところがある奴に違いない」と判断する権限が権力の側にあり、なおかつ、その判断基準を彼らが勝手に変えることができるからです。また、これについては後述しますが、**プライバシーというものはそもそも「後ろ暗いことを隠すため」にあるので**

はありません。しかし監視カメラを設置する側はその前提を共有していないばかりか、「絶え間なく監視されている」という状況がどれほど個人の自由にとって脅威となり得るかについては、その可能性すら存在しない、とでも言いたげです。

二〇〇二年のスティーヴン・スピルバーグ監督作『マイノリティ・リポート』は「予防警察」の恐怖を描いた未来SFですが、同時に既に半ば現実となった超・監視社会の様子をグロテスクに戯画化して見せた作品でもあります。原作はパラノイアックな作風で知られるフィリップ・K・ディックの同名の短編小説です（小説の方は、以前は『少数報告』という邦題で知られていました）が、小説と映画はかなり異なるものになっています。

舞台は二〇五四年のワシントンD.C.です。この世界には「プリコグ」と呼ばれる、未来を予知できるミュータントが存在します。プリコグは新しい種類のドラッグの副作用で生まれたのですが（母親がそのドラッグの中毒になった結果ミュータントが生まれたという設定）、これはデヴィッド・クローネンバーグ監督の『スキャナーズ』（一九八一年）と似ています。

トム・クルーズ演じる主人公ジョン・アンダートンはプリコグを使って犯罪を予知する「犯罪予防局」の職員です。犯罪予防局のシステムは三人のプリコグ（彼らは半覚醒の状態で機械に接続されています）が殺人事件の予知を行うことで成り立っています。プリコグたちの脳内に出現する断片的なイメージ映像を解析することで、これから起きる殺人事件の場所と時間を特定、現場に急行して、実際に殺人が行われる「前に」犯人を逮捕するわけです。この予防警察システムは今のところワシントンD.C.でのみ試験的に採用されているのですが、システム導入後の殺人事件の発生率はゼロになっています。この成果を受けて、同様のシステムをアメリカ全土に広げる計画も進行中です。

アンダートンは犯罪予知システムに絶対の信頼を置いていています。彼はかつて、自分の子供を誘拐事件によって失っているのですが、そういう事件を二度と起こさないためにも予知

機械に接続されたプリコグと、
主人公の刑事を演じる
トム・クルーズ。

システムは絶対に必要だと考えています。また実際、これまで予知システムが失敗したことはないので、内部調査の役人がやってきても動じるどころか、自信たっぷりにシステムの優位性を語ってみせるほどです。

ところがある日、プリコグが驚くべき犯罪予知を下します。なんとアンダートン自身が殺人事件を起こすというのです。プリコグは殺人事件の加害者と被害者、それに犯行が行われる時刻などを予知することができるのですが、アンダートンが「殺すことになる」と予知された相手＝被害者は、まったく見ず知らずの人物でした。また、予知映像に映っている背景も、彼が行ったことがない場所のようです。自分が全幅の信頼を置いていたシステムによって犯人と断定されたアンダートンはこれまでの立場から一転、同僚だった予防警察の面々から追われる身となってしまいます。

綿密に練られた未来考証

本作は、脚本を読んで気に入ったトム・クルーズがスピルバーグのところに「こういう企画がやりたい」と持ち込んだところからスタートしました。脚本を一読したスピルバーグは、二〇五四年という近未来の世界を描くにあたって、都市計画や交通システムの専門家の助言を仰ぐことにしました。リアリティのある未来像を構築するため、彼らは三年かけて丁寧なリサーチと予測を行いました（本職のある人たちですから、三年間このプロジェクトにかかりっきり……というわけではないと思いますが）。その結果、『マイノリティ・リポート』は細かなディテールに至るまで、綿密な未来考証が練られた作品になりました。

プリコグたちが幻視する予知映像はイメージの断片です。巨大なモニターに映し出されたイメージの断片を、アンダートンは手際よく整理していきます――まるで指揮者のような手つきで。モーション・センサーにより、ジェスチャーを使ってコンピュータを操作しているわけですが、TVゲーム好きの人ならご存知の通り、この技術は既に実現しています。現在注目を集めている自動交通システムも出てきます。車はリニア式のモジュールのようなものになっており、ハイウェイに渋滞はありません（このシステムでは水平移動だけでなく、垂直にも移動することができます）。コンピュータが最適化した速度と間隔で交通をコントロールしているからです。この未来式移動システムは劇中で「マグレヴ（Magnetic Levitation／「磁気による浮上」の意）と呼ばれていますが、「マグレヴ」自体は磁力を使ったリニア式の交通を指す言葉として、既にあったものです。

『マイノリティ・リポート』の未来世界にはプライバシーというものがほとんどありません。街中だろうが電車の中だろうが、至るところに小型のカメラが設置されていて、虹彩認証によって個人を絶え間なく特定し続けています（現実では、AIによる顔認識の技術が急速に進化しつつあるので、虹彩で個人を特定する時代が来るかどうかは微妙になってきました）。そうすることで、個人を狙い撃ちにした広告が可能になっています。街を歩いていると、モニターの内容が歩行者に応じて次々と切り替わり、「ジョンさん、ここで一杯やりませんか？」「あなたにぴったりの服がありますよ」と語りかけてくるのです。これはAmazonが購買記録から消費傾向を割り出して、ひとりひとりのユーザーに適したおすすめ商品を表示するシステムとそっくりです。これを「行動ターゲティング広告」といいますが、**『マイノリティ・リポート』の世界では外を歩いていても個人が特定されて、その人に直接アピールする広告が表示されるシステムが完成しているわけです**。リアリティもあるし、ちょっと怖くなる設定でもあります。

未来の警察は「スパイダー」という小型のロボットを使って家宅捜索を行います。

怪しい人間がどこかのアパートに逃げ込んだぞ、というようなとき、警察はその人物が潜んでいると思われる建物にスパイダーを何台も放ちます。自立して動き回るスパイダーは、ドアの隙間から入れるほど平べったく小さいロボットなので、隙間に詰め物でもしない限り彼らの侵入を防ぐことはできません。スパイダーに抵抗することは犯罪なので、人々は夫婦喧嘩の途中であろうが、セックスの最中であろうが、あるいはトイレで排便中であっても、侵入してきたスパイダーが目をこじ開けて虹彩をチェックするのを拒むことはできません。プライバシーは完全に損なわれています。

なぜプライバシーは重要なのか

プライバシーの重要性については、もう少し掘り下げる必要があるでしょう。暗号学者のブルース・シュナイアーはプライバシーの価値について、次のように言っています。［*1］

「あらゆることを監視されたら、我々は訂正、審査、批判、あるいは自身の唯一性が盗まれる恐怖に常に晒されることになる。どんな権威も我々のかつてはプライベートで無害な行為に注目するようになることで我々は監視の目に縛られた子供となり——

現在、あるいはいつか未来に――自分たちが残した痕跡に連れ戻されて我々を巻き込むのに常に脅えることになる。そうなれば我々は個性を失う。我々の為すことはすべて監視でき、記録できるからだ。

我々のうちどれくらいが、過去四年半に自分たちが盗み聞きされているかもしれないのに急に気付いて会話を止めたことがあるだろう？（中略）もしかするとそのとき話題にしてたのはテロリズムか、政治か、あるいはイスラム教か。我々は自分たちの言葉が文脈を離れて受け取られるかもしれないと一瞬怖くなって急に言葉を止め、それから自分たちの被害妄想を笑い、話を続ける。だが、振る舞いが変わるにつれ、言葉も微妙に変わる。

これこそが、我々のプライバシーが奪いさられることによる自由の喪失である。これこそが東ドイツにおける生活、サダム・フセインのイラクにおける生活なのだ。つまり自分たち個人のプライベートな生活に常に光る目を許容した未来なのだ」

［*1］「プライバシーの不変の価値」より。Bruce Schneier：著

日本語訳：yomoyomo
https://www.yamdas.org/column/technique/privacyj.html

ジャーナリストのグレン・グリーンウォルドは「なぜプライバシーは重要なのか」と題したＴＥＤ講演でこう語りました。［＊2］

「私達の行動や思考の中には、医者や弁護士や精神分析医や、伴侶や親友には言えるけれど、もし世間に知れたら恥ずかしくてたまらない――そんなことはいくらでもあります。私達は日々、他の人に知られてもよい発言や考えや行動と、誰にも知られたくない発言や考えや行動について判断しています。

（中略）

プライバシーがこれほど例外なく本能的に求められるのには理由があります。（中略）監視され人に見られているかもしれない状況下では、私達の行動は劇的に変化してしまうからです。誰かに見られている感じがすると、私達がとりうる行動は著しく制限されてしまいます。これは人間の本質に関わる事実で、社会科学・文学・宗教など、あらゆる分野で受け入れられていると言ってもいいでしょう。（中略）監視されるかも知れないとわかっている場合——人間は大幅に迎合的で従順な行動を取りがちなのです。羞恥心は人が避けたいものであり、非常に強い動機として働きます。だからこそ人間は誰かに見られている時は、主体的な意志よりも他人からの期待や社会通念上の要求に従った決定をするのです」

［*2］グレン・グリーンウォルド「なぜプライバシーは重要なのか」（Translated by Kazunori Akashi, Reviewed by Yasushi Aoki／句読点は筆者が適宜追加しました）
https://headlines.yahoo.co.jp/ted?a=20180628-00002106-ted

どちらも基本的には同じことを述べていることがお分かりいただけると思いますが、つまり「監視されていること」あるいは「監視されている、という可能性を絶え間なく感じさせられること」それ自体が、人間の行動や考え方に影響を及ぼし、誰かも分からぬ監視者（それは周囲の人々であるかもしれません）の意向を常に忖度《そんたく》するようにさせてしまう——このことの危険性を言っているわけです。『マイノリティ・リポート』の予知システムには「殺人事件を未然に防ぐ」という、一見誰も反論できないような大義名分があります。殺人事件が防げるに越したことはないとぼくだって思います。しかし、**「可能性」に基づいて人々から自由を奪い去ることがどこまで正当化できるのか、ということには大きな疑問を抱かざるを得ません。**

しかし……そういう状況であってもなお「大義のためにある程度の不自由を強いられるのは当たり前だ。それにやっぱり、プライバシーとか言って、人に知られたら困るようなことを考えたり、やったりしたいだけなんじゃないか」と思う人はいることでしょう。そう思ってしまうのは権力の「公正さ」というものを過大に、あるいは無限に信頼してしまっているからです。改めて言うまでもありませんが、権力が本来的に腐敗するものであり、抑圧するものであり、個人の尊厳をないがしろにするものである、ということは歴史が証明しています(そうならないために、面倒くさい手続きを増やすことで権力が勝手に暴走できないようにする、というのが民主主義のベースにあります。何でもチャッチャッと権力が決定できるのは実は恐ろしいことなので、それをモタモタさせるためのシステムは絶対に必要なのです)。

いささか暴論に聞こえることを承知で言えば、**監視社会を受け入れてしまうということは、権力に対する反論や異議申し立ての機会を自ら放棄してしまうことにも等しい**とほくは思います。それこそ極端な例になってしまいますが、ナチス政権化では、知り合いのユダヤ人が隠れている場所を知っている、ということ自体が「人に知られたら困ること」でした。権力者たるナチスから見れば、それは「やましい隠し事」そのものに当たるわけで、「自分はやましいことなんか何ひとつないよ」とプライバシーを明け渡してしまうと、このような事態をも招きかねないのです。

人間はボールではない

『２３００年未来への旅』（一九七六年）とか『１９８４』（一九八四年）、『華氏４５１』（一九六六年）などと同じように、本作の主人公アンダートンはもともとシステムに疑いを抱いていない人間でした——ここにはちょっとしたひねりがあって、アンダートンは家族を失った悲しみから、隠れて違法なドラッグに耽溺《たんでき》しています。法の執行人でありながら、自分のためになら法を逸脱することをいとわない、という二面性が彼には備わっていました。とはいえ彼は犯罪予知システムにも、超・監視社会にも不満を抱いていないどころか、それを称賛さえしていました。そういう人物が「追う側」から「追われる側」になったとき、それまで彼の目に見えなかったシステムの恐ろしさが分かってくる……ディストピア映画によく見られる構造がここでも繰り返されています。実際の世の中でも「自分は絶対に追われる立場になんかならないし、ましてや逮捕なんてされるわけがない」と確信している人はよくいますが、それはかなり呑気というか不用心な考え方だと思います。ぼくなどは先日も（放送日の少し前）、近所のバス停でバスを待っていただけなのにおまわりさんに職務質問されてびっくりしたばかりですが、そんなこともあってか「追われる立場」になったアンダートンの気持ちはよく分かります。

アンダートンの行く手を阻むのはダニー・ウィトワーという調査官（コリン・ファレル）です。司法省からやってきたウィトワーは犯罪予知システムの完全性に疑問を抱いており、ことあるごとにアンダートンと対立します。面白いのは、映画の中では敵役のようにみえるウィトワーの言っていることの方が、冷静に考えてみると正論だというところです。アンダートンは机の上にボールを転がして言います。「これを放っておいたら、必ずボールは床に落ちる。犯罪予知も同じことで、いったん予知された殺人は〈絶対に〉起こるんだ」と。テーブルの端から落ちたボールをウィトワーがキャッチしたのを見て、アンダートンはにやりと笑います。「なぜ君がボールを受け止めたかといえば、それが絶対に落ちることを分かっていたからじゃないか。殺人事件も同じことだ。だから我々はボールが〈落ちる〉前にキャッチするのさ」。しかし、**人間の行動というのはボールの運動とは違います。カッとなって刃物を手にした人が、最後の一瞬で思いとどまることだってあるはずなんです。**深く刺すことができずにちょっとした怪我を負わせるだけに終わってしまうことだってあるでしょう。ところが本作の犯罪予知システムはそういう余白を認めていないため、ナイフを握った手を振りかざした時点で逮捕されてしまいます。その行為は一見、すんでのところで殺人事件を未然に防いだように見えますが、本当にそうだったのかは誰にも分からないのです。

スピルバーグの悪趣味ギャグ

本作はサスペンス映画仕立てになっていて、随所にヒッチコック的なシーンがちりばめられていますが、スピルバーグはそこからさらに一歩踏み込んで、かつてヒッチコックが実現できなかった場面を再現してもいます。それが自動車工場での格闘シーンで、この場面ではロボットが流れ作業を行っている自動車生産ラインの上で、アンダートンが追っ手と取っ組み合いを繰り広げます。しかし戦っている間にどんどん自動車が組み上がっていき、最終的は完成した自動車の中に閉じ込められてしまいます。ヒッチコックがこのアイディアを思いついたときには、技術的に難しい部分があって実現には至りませんでした。スピルバーグはその幻の場面を現代のテクノロジーで見事に蘇らせました。

自動車工場のシーンにはスラップスティック・コメディのような雰囲気がありますが、この映画にはスピルバーグ一流の悪趣味で残酷なギャグも沢山入っています。そういったギャグはほとんどマンガ的とも言えるもので、たとえば犯罪予防局の警察官が装備している「嘔吐棒」という武器が出てきます。「嘔吐棒」は電気ショックのようなものを与える道具で、これでビリビリとやられた人は即座に吐いてしまうのですが、そのゲロ吐き場面は明らかにジョークとして撮られています。主人公が虹彩認証から逃れるために、もぐりの医者に頼んで他人の目を移植してもらう場面にも、意地悪なジョークが仕込まれています。目を入れ替えたアンダートンですが、手術後しばらくは包帯が取れないので、両目をふさがれた状態で過ごさなくてはなりません。手術を終えた医者は部屋から出ていくのですが、そのとき「冷蔵庫にサンドイッチとミルクを入れておいたから、食事していいよ」と言います。ただ、この医者は以前アンダートンに逮捕されたことがあって、そのことを根に持っているんですね。そこで、アンダートンの目が見えないのをいいことに、冷蔵庫の中に腐ったサンドイッチとミルクを入れていました。腐っていないサンドイッチも横に置いてあるのですが、案の定アンダートンは腐った方を手にとってしまい、ウエ～となるわけです。アンダートンが取り出した自分の目玉を使って犯罪予防局に侵入しようとする場面も強烈です。（今は他人の目が移植されているため）アンダートンはビニール袋に入れたもともとの自分の目を持ってやってきます。入り口のゲートの虹彩認証をクリアするためですが、そのとき、ひょんなはずみで自分の目玉を地面に落としてしまいます。コロコロと地面を転がる目玉をあわてて追っかける場面は、まるで童話の『おむすびころりん』の残酷版といった感じで、思わず爆笑してしまいました。こういう細かい悪趣味な冗談の積み重ねはスピルバーグらしくもあり、また本作の雰囲気をマイルドなものにする役にも立っています。

息もつかせぬサスペンス

『マイノリティ・リポート』はアンダートンの逃走を描いた映画で、映画の大部分は彼が逃げ回っている場面です。それだけなのにとてつもなく面白いのは、「逃げる」という行動は一つでも、シチュエーションがどんどん変化するからです。アンダートンが犯罪予防局からアガサという名前のプリコグの女性をさらって逃げる場面があります。犯罪予知は三人のプリコグで行われますが、アガサだけがアンダートンの「殺人」について違うビジョンを持っていたからです。プリコグ三人のビジョンが一致しなかったときの「少数意見（報告）」、すなわち「マイノリティ・リポート」というわけですが、アガサが謎を解く鍵だと気づいてアンダートンはアガサを連れ出します。追っ手がどんどん迫ってくる中、二人はショッピングモールにやってきます。と、アガサが次々と指示を出し始めます。「今ここで傘を買って」とか「ここにいる物乞いの人にお金をあげて」とか、その場では何の意味があるのか分からないのですが、そういった指示の数々が直後に伏線として回収されていきます。アガサが予知能力を使って、その場で追っ手をまくために最適な行動を指示していたのです。アガサはさらに、衆人環視の見晴らしのいい広場でアンダートンに立ち止まるよう指示しさえします。そんなところにいたら、絶対に見つかってしまう……と思ったら、たまたまやってきた風船売りが手にした風船の束が、追っ手の視界をうまいこと遮ってくれました。サスペンスとユーモアが見事に融合した、惚れ惚れするような映画的な場面だと思います。

本作の撮影監督は『シンドラーのリスト』（一九九三年）以来、スピルバーグと組んで仕事をしているヤヌス・カミンスキーです。この人は大変クールでエッジの立った画作りを得意としていますが、本作でもそのテイストは存分に生かされています。『マイノリティ・リポート』はカラー映画ですが、ほとんどモノクロ映画と見まごうような、モノトーンで光と影のはっきりした画が特徴です。白黒のフィルム・ノワールのような雰囲気を追求したとのことですが、まさにそんな印象です。色が浅く、コントラストの強い映像にするためには、「ブリーチバイパス（銀残し）」という特殊な現像の方法が使われました。これは『プライベート・ライアン』（一九九八年）で使われたことでも知られています。未来世界のデザインだけでなく、映像自体がおそろしくスタイリッシュなところも『マイノリティ・リポート』の大きな魅力です。

『マイノリティ・リポート』をざっくり一言で言うと、「**どんなシステムにも抜け穴はある**」ということです。完全に思えた犯罪予知システムですが、そこにはやっぱり抜け穴がありました。クライマックスでそれが分かったときには「あっ、そんな方法があったのか！」と思わず膝を打ちましたが、ネタバレになるのでここでは伏せておきます。ぜひご覧になって「そういうことか！」とびっくりしていただきたいと思います。

劇中で描かれたような「行動ターゲティング広告」は、年々その精度を増しています。Amazon や Facebook、あるいは Google のような超巨大インターネット企業が、ユーザー一人ひとりの嗜好や生活スタイルや政治的スタンスについてどれほどの情報を握っているのか想像すると、ちょっと怖くなるほどです。ただ、企業が顧客情報を収集・整理するのはまだいいとして、それを勝手に捜査機関などに渡されてはたまりません。二〇一九年の一月、ポイントカード「Tカード」の個人情報や利用履歴が警察に、裁判所の令状もなしに「提供」されていたことが伝えられましたが、検察側の資料によれば同様の「提供」を行っている企業は三百社近くもあるそうです。そういう情報によって「危険人物」とみなされてはたまったものではありません。スプラッター映画やヤクザ映画、殺人事件や悪魔についての書籍を大量に買っている身として、気が気でなりません。

RoboCop

民営化の行き着く果て『ロボコップ』

（一九八七年・アメリカ／原題：RoboCop）

監督：ポール・ヴァーホーヴェン
出演：ピーター・ウェラー／ナンシー・アレン／ダン・オハーリー／ロニー・コックス

あらすじ
犯罪都市と化した近未来のデトロイト。犯罪グループの罠にはめられて殉職した警官アレックス・マーフィ（ピーター・ウェラー）は、警察経営を請け負うオムニ社の手によりサイボーグ化された。彼はロボット警官「ロボコップ」として生まれ変わり、驚異的な性能を武器に犯罪者を取り締まるが、次第に人間だった頃の記憶の断片に悩まされはじめる。

コスト削減のためのロボット警官

近未来のデトロイトを舞台にしたSFアクション映画『ロボコップ』をご紹介します。近未来といっても本作が公開された一九八七年からちょっとだけ未来、という設定なので、映画の舞台となっている正確な年代は分かりません。もしかすると映画『ロボコップ』の「近未来」は、現在（二〇一九年）からすると過去なのではないか、と考えることもできるくらいです。脚本を手がけたエドワード・ニューマイヤーも「『ロボコップ』の時代がいつなのか、という質問には答えないよ。自分の想像ではこれくらい、ということはあるにしても」と言っていますが、『ロボコップ』が今なお古びない作品になったのは、時代を限定しなかったこともあるかもしれません。

『ロボコップ』の世界のデトロイトは荒廃しています。市の財政が破綻したせいで公共サービスの民営化が進み、警察業務までもが民間企業に委託されることになります。警察業務を管轄することになったのはオムニ社という企業で、ここは家庭用品から兵器までありとあらゆる商品を販売する巨大な会社で、政界とも太いパイプがあります。今こうやって書いていても、これが『ロボコップ』という題名の映画の設定だとは、にわかに信じられない思いです。あまりにも今の現実とそっくりだからです。『ロボコップ』はシニカルな作品で、こうした設定の多くもブラックジョークとして考えられたものだったのですが、現実がブラックジョークを追い越してしまったということなのでしょう。オムニ社はまた、荒れ果てた地区の再開発も請け負っていて、将来的には「デルタ・シティ」という新たな都市をそこに建造する計画を進めています。

警察を管轄下に治めたオムニ社は、「ＥＤ‐２０９」という犯罪鎮圧用の大型ロボットを開発しています。ロボット警官を使えば人件費を削減できる上、全米に自社製のロボットが配備されることになれば大きな利益が見込めるからです（オムニ社は

ED-209を警察だけでなく軍隊にも売り込もうと考えています)。**民営化によって、行政機関の最たるものともいえる警察にも資本主義の論理が入り込んでくるわけです。**

ところがED-209は、社内のプレゼンで誤作動を起こし、その場にいた従業員をマシンガンで惨殺してしまいます。このとき「代わりに私の部署にこの案件を任せてください」と名乗り出た若い社員がいました。ボブ・モートン(ミゲル・フェラー)というその社員は、いわゆる通常のロボットであるED-209とまったく違うシステムで動く、別の種類のロボット警官を構想していたのです。

その頃、デトロイト南地区の警察署に転属でやってきたジェームズ・"アレックス"・マーフィ(ピーター・ウェラー)という若い警官がいました。マーフィは凶悪な銀行強盗グループを追っていたのですが、逆に彼らに捕らえられてなぶり殺しにされてしまいます。ずたずたになるまで銃弾を打ち込まれたマーフィは病院に搬送されますが、心肺停止で死亡してしまいました。が、そのタイミングをオムニ社のモートンは待っていたのです。モートンの「ロボコップ」計画とは、脳死した警官の脳髄を部品として使ったロボット警官を開発することでした。そして数カ月後、メタリックに輝くボディを持った、重厚なロボット警官「ロボコップ」が誕生します。

ゴミ箱に捨てられた脚本

『ロボコップ』はオランダ出身のポール・ヴァーホーヴェン監督がアメリカで撮った作品です。ヴァーホーヴェンはもともとオランダで『女王陛下の戦士』（一九七七年）、『SPETTERS／スペッターズ』（一九八〇年）、『4番目の男』（一九八二年）など、話題作を連発してその名を轟かせていました。が、彼の作品は暴力描写やセックスの描き方にためらいがない上（ためらいがなさすぎる、と言ってもいいくらいです）、物議を醸す題材を好んで取り上げるため、オランダでの映画作りがだんだん難しくなっていきます。批評家には叩かれるわ、助成金を得るのは難しくなるわ、という状況にうんざりしているとき、アメリカ資本で『グ

ロボコップを演じる
ピーター・ウェラー。

レート・ウォリアーズ／欲望の剣』（一九八五年）を撮ったヴァーホーヴェンは「アメリカで映画作りをするのもいいんじゃないか」と考えるようになります。

ヴァーホーヴェンの作品は既に国際的に知られていたので、彼の元には「次はぜひこの企画を」と、多くの脚本が送られてきていました。そのうちの一つが『ロボコップ』だったのですが、題名を見たヴァーホーヴェンは「バカバカしい」と思って脚本をゴミ箱に捨ててしまいました。ところがその脚本を読んだ奥さんが「この台本は面白い映画になると思うから、撮ってみたら？」と提案、改めて脚本を読み直したヴァーホーヴェンはそこに可能性を見出して『ロボコップ』の監督を引き受けることを決意します。ただ当時のヴァーホーヴェンは、「『ロボコップ』を撮り終えたらオランダに帰ることになるかもしれない」と思っていて、そのためオランダの自宅はそのままキープしていたんだそうです。『ロボコップ』が大当たりして、次の作品（『トータル・リコール』）の製作が始まったタイミングでその家は売ってしまったそうですが。

『ロボコップ』は題名があまりにもストレートで幼稚に聞こえるし、大スターが出ているわけでもありませんが、蓋を開けたら世界中で大ヒットしました。ヴァーホーヴェンも含む多くの人々が「ちょっと、あまりにも幼稚だな」と感じた題名が逆にうまく作用したのです。**内容が一発で分かる題名はいい題名だとぼくは思っているのですが〈例：『食人族』〈一九八〇年〉〉、「ロボット警官＝ロボコップ」はまさにそういう題名です。**キャッチーの極みと言ってもいいでしょう。「ロボット警官」と聞いて「そんな映画は観なくてもいいや」という人たちだっていると思います。しかし大方の人は「『ロボコップ』？　それはちょっと観てみたいかも」と思ったのです。また本作はそう思って観に来た人たちを感心させるようなアクションと、思わず笑ってしまうようなキツいジョークも満載でした。『ロボコップ』は人々の感情を揺さぶり、内容的にもビジュアル的にも強い印象を残す映画です。その後『ロボコップ』はシリーズ化され、テレビアニメになり、リメイクもされましたが、それもこれも最初の『ロボコップ』がきわめて優れた作品だったからです。「ロボコップ」はアメリカを代表するポップ・カルチャー・アイコンとなったのです。

以前ヴァーホーヴェン監督にインタビューした際、自身の監督作品がリメイクされることについて思うところを聞いてみたことがあります。ちょうど同じ頃に『トータル・リコール』のリメイク（二〇一二年）が公開されていたからです。「『トータル・

リコール』のリメイク版は本当につまらなかった」とヴァーホーヴェンは言いました。「オリジナル版は多くの要素が絡み合った重層的な作品なのに、リメイク版はそうなっていなかったからね」と。『ロボコップ』のリメイク版（二〇一四年に公開）にも期待していないとのことでした。「ただまあ、こうやって次々に自分の作品がリメイクされると、まるで自分が既に死んじゃった監督のような気がしてくるよ」と最後は笑っていましたが。

予見的な映画『ロボコップ』

先にも書いた通り、期せずして『ロボコップ』は大変予見的な映画になりました。デトロイトは現実に経済が破綻して、廃墟化が進んでいます。警察の民営化はまだですが、アメリカでは刑務所業務の民間委託が盛んに行われて問題になっています。民営化というのは諸刃の剣で、うまく行っているときはいいのですが、収益が悪くなると途端にサービスの悪化や停止が起きてしまうということがあります。資本主義の理屈で動く企業に、公共性の高い交通機関や生存に必要なインフラを委ねてしまうのはちょっと怖い気がします。「採算が合わない」という理由で何でも切り捨てることが可能になってしまうからです。

マーフィを惨殺した強盗団はとても凶悪ですが、彼らは真の敵ではありません。真の敵は資本主義の権化ともいうべきオムニ社で、彼らはその手下だったのです。オムニ社は強盗団を雇って殺人もするし、彼らに強力な武器を渡して治安を悪化させるよう仕組んだりもするのですが、すべては金儲けのためです。「邪悪になるな（Don't be evil）」というのはグーグル社がかつて掲げていたモットーですが、オムニ社にそんなモットーはありません。邪悪だろうが何だろうが、会社が儲かればそれで良いのです。なおグーグルの「邪悪になるな」は二〇一八年の四月に（社員向けの）行動規範の序文から外されてしまったそうです（文言は最後の文章に残っているそうですが）。『ロボコップ』は痛快なＳＦアクション映画ですが、さまざまな社会の問題を戯画化して見せたことで作品に広がりが生まれました。過剰なまでに戯画化された暗黒の未来像は、同じくヴァーホーヴェン監督の『トータル・リコール』（一九九〇年）や『スターシップ・トゥルーパーズ』（一九九七年）にも引き継がれていきます。

アメリカン・ジーザス

監督は「ロボコップ」という存在を「アメリカン・ジーザスだ」と言っています。

ヴァーホーヴェンは無神論者ですから、この発言は『ロボコップ』に宗教性を見出してのことではありません。むしろ、キリスト教信仰がいまだ根強いアメリカに向けて、「アメリカナイズされたキリスト像」を表現したのだ、ということだと思います。確かに、マーフィ＝ロボコップが辿った運命はキリストを思わせるものです。キリストは鞭打ちの刑を受けてボロボロになったのち、十字架に磔《はりつけ》になって死にましたが（神話ではそういうことになっています）、マーフィも強盗団に何百発もの銃弾を打ち込まれて苦痛のうちに死亡します。このとき、マーフィの右手がショットガンでふっ飛ばされるところは、キリストの手に釘が打ち込まれるところをイメージしているそうです。そうやって殺された後で、マーフィはロボコップとして「復活」します。神話（聖書）によれば復活したキリストは、弟子のところに行ってびっくりさせたり、復活を信じなかった弟子の手を脇腹に開いた傷口に入れさせたりして（ちょっと趣味が悪いと思います）遊んだのち、天国にビームアップされたことになっていますが、マーフィがマスクを外して生前と同じ素顔を相棒の女警官（アン・ルイス／ナンシー・アレン）に見せるところは、考えてみたら急に現れて弟子を驚かせたキリストに似ているかもしれません。

神話のキリストは水の上を歩いたと言われていますが、ロボコップが「水の上を歩く」場面もあります。クライマックスで敵を廃工場に追い詰めたロボコップが水たまりを歩くシーンを、ヴァーホーヴェンはあたかも「水の上をロボコップが歩いている」かのように撮っています。**「アメリカン・ジーザス」とは、死から復活し、金属の筋肉を体にまとってどでかい銃をぶっぱなす、正義のロボコップのことなのです。**

ロボコップは悲劇性もちゃんと備えています。オムニ社はマーフィとしての過去の記憶を消去したつもりだったですが、ロボコップはマーフィの記憶を断片的に覚えていました。愛する奥さんや子供の映像がロボコップ＝マーフィを苦しめます。かすかな記憶を頼りに、家族と暮らしていた家をロボコップが尋ねるシーンは感動的です。マーフィの家は売りに出されていました。奥さんと子供はマーフィが殉死したと聞いて、引っ越していってしまったのです。それに、今やマーフィはマーフィではなく「ロボコップ」であり、元に戻ることはできません。喪失感と哀感が押し寄せる、いい場面だと思います。

ヴァーホーヴェン監督の女性観

ヴァーホーヴェン監督は徹底した男女平等主義です――むしろ女の方を上に見ているといった方が正確かもしれません。「だって女の人の方が優れているだろ、小学生のときからそうだったし」と、ヴァーホーヴェン本人も言っています。「男女の違いというのは、〈男は子供を生めない〉ということくらいだよ」というのですが、男女の性差について聞かれてこのように男に「足りないところ」から話を始める人はなかなかいません。

新しい署に転属してきたマーフィがルイスと出会うシーンは印象的です。警察署の入り口では、連行されてきたジャンキーが暴れているのですが、ルイスはこともなげにパンチやキックを繰り出して相手をやっつけてしまいます。そしてぶっきらぼうにガムを噛みながらマーフィに挨拶します。その直後、事件発生の一報を聞くと、ルイスがさっさと運転席に座ってしまい、マーフィはあわてて助手席へと駆け込みます。明らかに、ここではマーフィとルイスの役割分担が伝統的な男女観とは逆転しています。強盗団を追って廃工場に着いたときも、危なそうなハシゴをどんどん登っていってしまうのはルイスで、マーフィは階段でそれを追いかけています。さらっと描いているので見落としがちですが、**ヴァーホーヴェン監督はこのようにして男女の「役割分担」を転倒させることがよくあります。**

パトロールに出たロボコップが、レイプに及ぼうとしている犯人の局部を撃ち抜く場面があります。ここも、そう考えると味わい深いものがあります。このシーンでレイプ犯は被害者の女の人を掴んで「人間の盾」として使います。しかしロボコップは、自分とレイプ犯の間にいる女の人のスカートの中央を狙って正確に銃弾を発射、その弾丸がレイプ犯の股間に命中します。これがなぜ興味深いかというと、まさに女の人が「女性であること」によって命が助かり、男のレイプ犯が男であることが（ちんちんがついているからです）命取りになってしまうからです。ギャグのように見える場面ですが、実によく考えられていると思います。

『トータル・リコール』や『スターシップ・トゥルーパーズ』を観ても分かるように、ヴァーホーヴェン作品は重層的で、ざっくり一言で言うのは非常に難しいのですが、ディストピア映画としての『ロボコップ』は「**民営化の行き着く果て**」を描いた作品だといえるでしょう。そもそもオムニ社が「ロボコップ＝警官の脳を部品として使ったロボット」を作ったのは、会社の利益のためです。そんな非人間的なことが可能になったのは、警察が民営化され、委託を受けたオムニ社がそこに市場原理を持ち込んだからです。現実の世界にまだ「ロボコップ」はいませんが、ロボット兵士は実用化されています。社会情勢を見事に予見してみせた『ロボコップ』ですが、ロボット警官が誕生するのも時間の問題かもしれません。

ED-209（EDは「Enforcement Droid」。「法を執行するロボット」の意）の開発責任者の役名はマクナマラ博士といいます。これはもちろん、一九六一年から六八年にかけてアメリカの国防長官を務め、泥沼化したベトナム戦争の実質的な責任者といえるロバート・マクナマラの名前からとったものです。『フォッグ・オブ・ウォー／マクナマラ元米国防長官の告白』（二〇〇三年）は彼の功罪を追ったドキュメンタリーでした。ED-209開発の目的について映画では「Urban pacification（都市部の鎮圧）」のためだ、と言っていますが、この言い回しはベトナム戦争当時によく使われた婉曲語法でした[*]。リメイク版の『ロボコップ』

では、中東の紛争地帯に実戦配備されたＥＤ－２０９を見ることができます。なおオリジナル版の恐ろしくも可愛げのあるＥＤ－２０９のアニメーションを担当したのはストップ・モーションの達人フィル・ティペットです。

＊『PAUL VERHOEVEN』（Douglas Keesy著・Taschen、二〇〇五年）

Starship Troopers

軍事国家は最悪だ 『スターシップ・トゥルーパーズ』

（一九九七年・アメリカ／原題：Starship Troopers）

ファシズム国家における市民権

『スターシップ・トゥルーパーズ』は一九九七年のポール・ヴァーホーヴェン監督作品です。原作はロバート・A・ハインラインのSF小説『宇宙の戦士』。舞台となる二三世紀の地球は「連邦（地球連邦）」と呼ばれる体制のもと、社会のすみずみに至るまでミリタリズム（軍事主義・軍国主義）が徹底されています。といって、『スターシップ・トゥルーパーズ』の未来世界は一見、全体主義的なディストピアには見えません。街には美しい高層建築が立ち並び、主人公リコ君（キャスパー・ヴァン・ディーン）とその仲間は健全な高校生活をエンジョイしているように見えます。しかし同時

監督：ポール・ヴァーホーヴェン
出演：キャスパー・ヴァン・ディーン／ディナ・メイヤー／デニス・リチャーズ／ジェイク・ビジー

あらすじ
民主主義が崩壊し、地球全体が軍事国家と化した未来の世界。高校を卒業した青年ジョニー・リコ（キャスパー・ヴァン・ディーン）は地球連邦軍へ志願して、機動歩兵隊に配属されることに。時を同じくして昆虫型エイリアンが地球に攻撃を仕掛けてきた。反撃すべく敵の母星に上陸したリコたちを待ち受けていたのは、あまりにも凄惨な事態だった。

に地球は宇宙の果てに棲む昆虫型生物の軍勢と交戦状態にあります。**自国内（この映画の場合、地球）が平和に見えても、兵士たちが前線で敵と死闘を繰り広げている……という『スターシップ・トゥルーパーズ』の現実は、実際の戦争でもよくみられる事態です。**たとえばアメリカはひっきりなしに戦争をしていますが、本土が攻撃されたことはなく（例外が真珠湾攻撃です）、街中が戦闘状態になったことはありません。第二次大戦中の日本も連合軍の本土空襲が始まるまでは――物資が不足したり、人権が著しく制限されたり、情報が隠蔽されたり、思想弾圧が行われたりしたものの――外側の景色だけを見れば、そこには日常があり、少なくとも人々が瓦礫の山で暮らしていたわけではありません（空襲によって、それが現実になったわけですが）。『スターシップ・トゥルーパーズ』の世界も、まさにそのような状態にあります。

『スターシップ・トゥルーパーズ』の政府は朝から晩まで好戦的なプロパガンダを放送しています。反体制派が次々と処刑されていることもニュースで分かります。高校では、先生が「権利や安全はタダではない。国家を防衛する、という義務と引き替えに個人の権利が初めて保証されるのだ」と説いています。この世界では「市民権」は軍歴と引き換えに初めて与えられるもので、軍隊に行かなかった人たちには参政権がありません。これはとんでもない思想です。「義務と権利」があたかもセットであるかのような考え方は、筋が通っているかのように思われがちですが、そんなことはないからです。少なくとも参政権を含む人権について、そのような考え方を適用することは無茶を通り越して邪悪です。というのも、人権というのは国家や政府から税金や労働の見返りに与えられるものなどでは決してないからです。本書は社会学の本でも法律の本でもないので、これ以上詳しくは書きませんが、表現の自由や職業選択の自由、プライバシーや思想信条の自由といったものが国家の都合で取り上げられてはかないません。

ミリタリズムとパワードスーツ

原作『宇宙の戦士』は非常に物議を醸した小説で、「右翼的、ファシズム的だ」という批判を浴びました。これについては著者のハインライン自身、原作がミリタリズムを礼賛するものであることを認めて次のように言っています。「これは軍隊を賛美するものだ——とくに〈P.B.I.〉すなわち〈みじめで血にまみれた歩兵隊（Poor Bloody Infantry）〉をね。泥にまみれ、やつれ果てた体を荒れ果てた戦場にさらしていながら、彼らが賞賛されることは滅多にない……最も過酷な勤めを果たしているのにだ。彼らにはもっと栄誉が与えられてしかるべきだ」と。軍隊や戦争にまつわる（肯定的な）言説では、マチズモとセンチメンタリズム、悲劇性とヒロイズムがないまぜになっていることが多いのですが、このハインラインの発言にもそういった要素が詰まっています。今挙げたような諸要素は、戦争を描いた物語や戦争映画を盛り上げる重要なファクターでもあるわけですが、一方で**ロマンチシズムを強調することは、実際の戦争の悲惨さを覆い隠してしまうことにも繋がります**。『スターシップ・トゥルーパーズ』は、そういうロマンあふれる戦争の建前を過剰なまでに強調しつつ、人体がバラバラにはじけて血がブーブーと噴き出すような悲惨を正面から描くことで「戦争のロマン」という幻想に痛烈な一撃を加えた作品だと思います。

『宇宙の戦士』は日本にも根強いファンが多くいる小説です。というのも、原作には「パワードスーツ」と呼ばれる強化防護服、つまりロボットスーツのようなものが登場するからです。原作の兵士はこの強化ロボットスーツを身にまとって巨大な昆虫軍団と戦います。SFガジェットとしてのパワードスーツは画期的なアイディアだったので、多くの作品に影響を与えました。アニメ『機動戦士ガンダム』に出てくる「モビルスーツ」は巨大ロボットですが、ネーミングも含めて源流はパワードスーツにあります。『エイリアン2』（一九八六年）の「パワーローダー」もパワードスーツの変形です。そんな『宇宙の戦士』が実写映画化されると知って、ＳＦファンは「あのパワードスーツが映像化されるのか！」と色めき立ちました……が、完成した『スターシップ・トゥルーパーズ』にパワードスーツはまったく登場しませんでした（二〇〇八年にＤＶＤでリリースされた『スターシップ・トゥルーパーズ3』にはパワードスーツが出てきます）。

ヴァーホーヴェン監督がパワードスーツを描かなかったのは予算の都合もあったそうですが、何より「巨大な昆虫と人間の戦いをリアルに描きたかったから」だそうです。その結果、この映画の戦闘シーンは酸鼻《さんび》を極めた、とても残酷なものになりました。パワードスーツなしの生身の兵士たちが対峙するのは、小さいものでも体長五メートル／全高三メートルもある、鋭く尖った前脚を持つ獰猛《どうもう》な昆虫型生物です。ライフルを持っているとはいえ、ただの歩兵が太刀打ちできる相手ではありません。その結果、この映画では人間の方が文字通り「虫けらのように」バタバタと殺されていきます。凄惨そのものの戦場を描くために、ヴァーホーヴェン監督は意図的にパワードスーツを映画から除外したのです。

プロパガンダ映画のパロディ

『スターシップ・トゥルーパーズ』は映画全体がプロパガンダ（政治宣伝）映画のパロディになっています。オープニングとラスト、また要所要所に地球連邦のニュースや徴兵キャンペーン映像が挟み込まれているので、映画そのものが体制側のプロパガンダ映画である、と見立てることが可能になっているのです。「新兵が立派に成長して、一人前の兵士になる」というストーリーも、それがプロパガンダ映画だと考えると腑に落ちます。映画を使ったプロパガンダを駆使した軍事国家といえばナチス・ドイツですが、『スターシップ・トゥルーパーズ』では軍服や徽章なども、はっきりナチスを意識したデザインになっています。映画の後半では、主人公の高校時代の同級生が情報部の将校に出世して再登場しますが、彼の軍服はSSの将校そっくりです。

『スターシップ・トゥルーパーズ』は多面的な映画ですが、戦争の無意味さ、悲惨さと同時に軍隊の「カッコよさ」も

巨大な昆虫型宇宙生物に惨殺されてしまう地球の兵士。

しっかり描いています。「プロパガンダ」であるためには「カッコよさ」が必要不可欠なのです。**プロパガンダが恐ろしいのは、そこに観た者を奮い立たせる「カッコよさ」や、感動を誘う「ロマン」があるからです。**映画のラストの広報映像では、ずらっと並んだ兵隊たちの映像にかぶせてナレーションが「我々は以前にも増して強い軍艦と武器を手にしている！　だが軍隊はキミを必要としている！」と呼びかけます。まさにファシズム国家のプロパガンダ映画そのもののエンディングですが、これを皮肉としてではなく本気で受け取る人が世界中で続出しました。ヴァーホーヴェン監督は「君たちは本当にこんな国家に住みたいのか？」という問いかけをしたかったのですが、パロディをパロディとして理解できなかった人たちは『スターシップ・トゥルーパーズ』のことを「暴力と軍事国家を礼賛する、言語道断の映画だ」とこき下ろしました。ヴァーホーヴェン監督の映画はよく誤解されるのですが（本書に収録の『トータル・リコール』もおおいに誤解されました）、それにはブラックジョークのセンスがキツすぎるということも関係していると思います。ぼくにしてみれば、そこがたまらない魅力ではあるんですが。

強すぎる昆虫軍団、無茶すぎる人間の戦略

人類が戦っている相手は、いろんな種類の昆虫型生物です。サイズもまちまちで、五メートルほどの虫もいれば三〇メートルもある重量級もいます。クモとカマキリを足して二で割ったような「ウォリアー・バグ」、尻からプラズマ弾を発射して宇宙船をも撃墜する「プラズマ・バグ」、重戦車を思わせる「タンカー・バグ」、空中を猛スピードで飛び回る「ホッパー・バグ」……こんな連中に襲われるのだから歩兵隊もたまりません。首がぽんぽんと飛び、胴体は八つ裂きにされてしまいます。虫軍団は外骨格も頑丈で、銃で撃ってもなかなか死にません。そんなモンスターを相手に人類がどう戦うかというと、これが驚きです。「まずは虫のいる惑星に上陸だ！」と、何万人もの歩兵が最初に突っ込んでいくのですが、返り討ちにあって全滅してしまいます。仕方がないので次は核攻撃です。上空から核ミサイルをバンバン撃ち込んで、虫の大群をブッ飛ばしたら、またまたすぐに上陸。放射能などお構いなしです。核兵器については、日本語字幕では「ニューク弾」とぼかした表現になっていましたが、「Nuke'em!」というのは「核兵器をぶち込め！」という意味です。

一事が万事この調子で、**本作に登場する軍隊の作戦は乱暴というか粗雑にすぎるのです**

が、これも戦争や軍隊組織のバカバカしさを徹底的に戯画化したいがゆえです。そういう粗雑な作戦のせいでとんでもない数の兵士の命が失われていくわけです。ヴァーホーエン監督の映画はいつもそうですが、『スターシップ・トゥルーパーズ』がどれだけ複雑な、一見すると相反する要素をうまくまとめ上げることに成功しているか、ということを考えるとクラクラします。この映画は凄惨な戦争映画でありつつブラックジョーク満載で、ヒロイックなキャラクターを描きながら「ヒロイックであること」にまつわる馬鹿馬鹿しさをもしっかり見せきっています。巨大モンスターが次々と登場する空前絶後のモンスター映画でもあり、若者同士の微妙な友情や恋愛模様も過不足なく描いています。唯一失敗したことといえば、ＰＧ‐12指定になってしまったので、公開前に大量に作られたオモチャがまるで売れなかったということぐらいでしょうか。

事実に基づいたブラックジョーク

冒頭でも書いた通り、軍事国家と化した地球では兵役に就かない人間は人権が制限されており、参政権がありません。主人公のリコ君はいいところのお坊ちゃんで、親はインテリなので「わざわざ兵隊になって死ぬことはない」という考えなのですが、リコ君はこれに反発して軍隊に入ってしまいます。二級市民では肩身が狭いとリコ君は思っているのです。しかし、彼はフットボールは得意ですが学校の勉強はからきしだし、サイキック能力もないので、一番下っ端の二等兵として前線に出ることになります。一方、同時に入隊したリコ君の同級生は男女を問わず、あっという間に出世してパイロットになったり、情報部の将校になったりします。才能があったり、またサイキック能力があったりしたからです（この世界では超能力者は重宝されています）。こういうことは、ひとたび戦争が起きるとよくあることです。戦場で手柄を立てることが可能になるため、二〇代そこそこの若者がみるみる出世するようなことは戦時中には珍しくありません（戦争が始まると軍人が威張り散らすようになるのも万国共通ですが、その部分は本作ではあまり描かれていません。反体制派はどしどし処刑されていますが）。

リコ君が入隊届を持って志願に行くと、受付をしてくれたのは両脚を失った傷痍《しょうい》軍人でした。実はこれにそっくりな場面がヴァーホーヴェン監督のオランダ時代の作品『女王陛下の戦士』（一九七七年）にあります。この映画は第二次世界大戦中のオランダが舞台ですが、血気盛んな若者二人が「軍隊に入ってナチと戦うぞ！」と志願に向かうと、そこには肉片が散らばっているだけでした。ほんの数分前に爆撃されて吹き飛んでしまっていたのです。

軍隊に入ったリコ君は、厳しい訓練を受けます。しかし実弾を使った訓練中、誤って友達を死なせてしまった責任を問われ、リコ君は退役を決意します。ところがそのとき、緊急ニュースが飛び込んできます。なんと銀河の向こう側から虫が放り投げてきた巨大隕石が地球に激突、リコ君の生まれ故郷で両親が暮らすブエノスアイレスが消滅してしまったというのです。これを聞いたリコ君の中で熱い血がたぎります。「くそ！　ブッ殺してやる！」。これも実際によくあることだと思います。**戦争や死刑に反対していても、身近な人や故郷が犠牲になると人は冷静ではいられなくなるものです。**普段言ったりしたりしていることと真逆の状態にすぐになってしまう。『スターシップ・トゥルーパーズ』のブラックジョークは極めてシニカルなのです。

この映画をざっくり一言で言うと「**軍事国家は最悪だ**」という話ですね。戦争やファシズムは一見カッコよく見えるかもしれないけど、どこまでも最悪なんです。

リコの同級生で、サイキック能力を活かして情報部の幹部に上り詰めるカール・ジェンキンズを演じたのはニール・パトリック・ハリス。テレビ『天才少年ドギー・ハウザー』(一九八九年~九三年)を覚えている方も多いと思いますが、撮影現場でハリスは「ドギー・ヒムラー」と呼ばれていました。ナチス親衛隊(SS)の指導者だったヒムラーそっくりの衣装で登場するからです。「ラズチャック愚連隊」の合言葉、「永遠に生きたいのか?(Do you want to live forever?/転じて「誰でも死ぬときは死ぬんだ、怖じ気づくな」の意)」は、ダニエル・デイリーというアメリカ海軍の軍人が第一次大戦中、ベロー・ウッドの戦いで仲間を奮い立たせるために言った言葉として有名です。デイリーは最高位の名誉勲章を生涯で二度にわたって受賞した、伝説的な軍人なんだそうです(名誉勲章を二回受賞した軍人は、アメリカ史を通じて一九人しかいません)。

ゲームのやりすぎには注意！

『トータル・リコール』

（一九九〇年・アメリカ／原題：Total Recall）

監督：ポール・ヴァーホーヴェン
出演：アーノルド・シュワルツェネッガー／シャロン・ストーン／レイチェル・ティコティン／ロニー・コックス

あらすじ
西暦二〇八四年。建設現場で働くダグラス・クエイド（アーノルド・シュワルツェネッガー）は毎晩、行ったことがないはずの火星の夢に悩まされていた。ある日、彼は「旅行の記憶を売る」というリコール社を訪れて「秘密諜報員として火星を旅する記憶」を買うことに。ところが、記憶の植え付け作業中にトラブルが発生してしまい……。

「デヴェロップメント・ヘル」から蘇ったシナリオ

「シネマストリップ」で取り上げてきた映画にはダン・オバノンが関わったものが多くありますが、一九九〇年の『トータル・リコール』の脚本はダン・オバノンとロナルド・シャセットが共同で書いたもので、原作はフィリップ・K・ディックの『追憶売ります』という短編小説です。この小説をもとにオバノンとシャセットが『トータル・リコール』の脚本を書き出したのは一九七〇年代なかばのことでしたが、実現にはお金がかかりすぎるということで、もっと低予算で作れる宇宙を舞台にしたモンスター映画を企画することにしました——その「モンスター映画」が『エイリアン』

（一九七九年）になったのです。『エイリアン』は大ヒットしましたが、『トータル・リコール』の映画化は難航しました。企画自体がボツにされるでもなく、といって、映画会社がゴーサインを出すこともない……という、このような宙ぶらりんの状態を「デヴェロップメント・ヘル（企画進行地獄）」といいます。脚本は映画会社をたらい回しにされ、一九八〇年代にはディノ・デ・ラウレンティスという大プロデューサーのところに落ち着きます。ラウレンティスは幾度か『トータル・リコール』を映画化しようと試みますがうまくいかず、そうこうしているうちに彼の会社の経営状態が悪化して『トータル・リコール』どころではなくなってしまいました。このタイミングを見逃さなかったのがアーノルド・シュワルツェネッガーです。かねてより『トータル・リコール』に興味を示していたシュワルツェネッガーは、知人のプロデューサーに「今、ラウレンティスに電話すれば、あの映画の権利が手に入るぞ！」と言って、企画を手中に収めたのだそうです。

念願の『トータル・リコール』の権利を得たシュワルツェネッガーは、ぜひ監督をやってほしい、とポール・ヴァーホーヴェンに持ちかけます。以前にヴァーホーヴェンの『ロボコップ』（一九八七年）を観て気に入ったシュワルツェネッガーは、いつか一緒に仕事をしたいと思っていたのです。ヴァーホーヴェンが監督を引き受けた時点で、シナリオは既に第四二稿めになっていましたが、これは「デヴェロップメント・ヘル」の期間がどれほど長いものだったかを示すものです。ヴァーホーヴェン監督は物語を今一度整理するため、ゲイリー・ゴールドマンという脚本家を新たに呼び寄せました。

シュワルツェネッガー以前、まだ本作が「デヴェロップメント・ヘル」状態にあったときのことですが、いっときデヴィッド・クローネンバーグが監督することになりかけたことがありました。登場人物やメカのデザインなども残っていますが、このときクローネンバーグは繊細な印象のあるウィリアム・ハートを主役に据えるつもりでした。主人公の職業も映画版とは異なり、会計士にするつもりだったそうです。しかしシュワルツェネッガー主演になったことで、ヴァーホーヴェン監督は主人公のキャラクターを工事現場で働く労働者へと変えてしまいます。筋骨隆々たるシュワルツェネッガーが会計士役、というのはいかにも違和感があったからです。

「偽物の記憶」と「本物の記憶」の違いとは？

映画の舞台となる時代は二〇八四年です。『ブレードランナー』（一九八二年）の舞台は二〇一九年でしたが、それにしてはテクノロジーが進みすぎているのではないかという指摘もあったので、思い切ってもともとの設定よりさらに五〇年ほど未来にしたそうです。

未来の世界には「リコール社」というレジャー会社があって、ここでは「豪華な旅行」や「華々しい冒険」のバーチャルな「体験（＝記憶）」を買うことができます。仮想世界で旅行を「体験」したとして、その体験の思い出が本物の記憶と区別できないのであれば——ユーザーにとってその旅行は「本物」にしか感じられないはずです。

仮想の「体験」と現実の「体験」をどうやったら区別することができるのか？　というのは本作のキーポイントです。

この時代、火星は地球の植民地になっています。主人公クエイド（シュワルツェネッガー）は、なぜか火星に惹きつけられています。行ったこともないのに、毎晩のように火星の夢を見るからです。リコール社の商品ラインナップに「火星を舞台にしたアドベンチャー体験」があることを知ったクエイドは、その記憶を買ってみようかと考えます。そんなクエイドを建設現場で働く同僚がたしなめます。「リコール社の記憶植え付けサービスは危険らしい。失敗すると脳がやられて廃人になるそうだ」と言うのです。しかしクエイドは聞く耳を持たず、結局リコール社に足を運ぶことになります。

リコール社にやってきたクエイドは迷うことなく「火星のアドベンチャー」を選びます。リコール社の「記憶」はユーザーの希望に合わせてさまざまなオプションが用意されており、それを組み合わせてクエイドが「体験する」コースが決定します。ところが、記憶を植え付ける作業の途中、なぜか意識を取り戻したクエイドは突如として暴れ始めます。あわてたリコール社の職員はクエイドを麻酔で眠らせて、ロボットが運転するタクシーに乗せて追い払ってしまいます。やがて目覚めたクエイドがタクシーから降りると、そこには同僚の姿がありました。が、この同僚がごろつき仲間と一緒に襲いかかってきたではありませんか。びっくりするクエイドでしたが、激しいアクションの末に彼らを全員ぶち殺してしまいます——格闘技の心得などまったくなかったはずなのに、キレのいいパンチやキックを繰り出していた自分にクエイドは二度びっくりします。お気づきのように、クエイドの「大冒険」は既に始まっていたのです。映画をよく観ると分かりますが、ここから先、映画のエンディングに至るまでに起こるすべてのことは、実はリコール社でクエイドが選択した流れに沿って起こっています。しかし――しかし、それは本当にリコール社で買った「記憶」なのでしょうか？　もしかして本当に起こっていることなのでは？　クエイド同様、観ている方もスクリーン上の「現実」がどこまで本当なのか分からなくなってしまうのがこの映画の面白いところです。

二重性と予兆＝フォアシャドウィング

『トータル・リコール』のテーマは「二重性」です。軸となるのは「現実と仮想現実」＝「本当の記憶と偽の記憶」の二重性ですが、それだけでなく「現在の自分と過去の自分」、「地球と火星」、「人間とミュータント」などなど、ありとあらゆる要素について、その「二重性」が強調されています。

この映画はまた「フォアシャドウィング」を駆使した作品でもあります。「フォアシャドウィング（Foreshadowing）」は「あらかじめ影を落としている」という意味で、一般には「伏線」と訳されますが、「予兆」といった方が分かりやすいかもしれません。『トータル・リコール』では、ありとあらゆることが「先にほのめかされた」上で、後で再び登場する構造になっていますが、これもテーマと密接に関連しています。

記憶を移植するにあたって、リコール社でクエイドは担当者から説明を受けています。それによれば「あなたは秘密エージェントとなり、出会う人々に次々と殺されそうになりつつも危機をかいくぐり、夢の女性と出会い、最終的に火星を救うことになる」というのですが、これは『トータル・リコール』という映画のストーリーそのものです。さらに、説明を受けている部屋のモニターにはクライマックスで登場する「火星人のリアクター」の映像が映っているし、スタッフは「今回は新製品の『火星の青い空』という記憶だな」と言ってしまっています。その言葉通り、映画のラストでは火星の空が青くなるのですから念が入っています。

「フォアシャドウィング」は、クエイドがリコール社を訪れるより前から始まっています。奥さん（シャロン・ストーン）との関係、テレビに映る火星の暴動のニュース、通勤のために列車に乗っているシーンすら、後半に火星で体験することと対になっています。前半のクエイドは工事現場でドリルを使って掘削作業をしていますが、後半には巨大なドリルを装備した巨大な掘削マシンが登場、クエイドを殺そうと迫ってきたりもします。何気ない場面、たとえばタクシーに乗るところだとか、さらにはリコール社のCMを観ている場面ですら、後で起きることと対応しています。**おそらくリコール社で売っている記憶というのは、すべてが人造の記憶というわけではなく、もともと自分の中にあった本当の記憶も混ざってくるのでしょう――本当に？**

クライマックスで敵との戦闘になったときには、携帯型のホログラムのような機械が活躍します。この機械を使うと、少し離れた位置に自分そっくりのホログラムを出現させることができる。これも「二重性」をビジュアル化してみせるためのアイテムです。主人公クエイドは自分の姿を映し出すホログラムを使って敵を混乱させますが、自分の、そして「現実／仮想現実」の「二重性」に翻弄されているのは実はクエイド自身です。

夢か現実か？

『トータル・リコール』で最も興味深い場面の一つは、冒険の真っ最中にリコール社のエッジマー博士が出てきてクエイドに警告をするシーンです。「あなたは今、危険な状態にあるから現実に引き戻しに来た。この夢から目覚めてくれないとあなたは廃人になってしまう」と彼は言います。この警告をクエイドが受けるのは二回目です。記憶の移植が始まる前にあらかじめ「偽の記憶の世界で長時間遊び続けていると、脳に障害が残って廃人になる可能性があるし、本当に危険な場合はリコール社の人間が夢の中に登場して警告することもある」と言われているからです。博士は「現実に戻るための薬」として赤い錠剤を差し出します。この「薬を飲むと夢から目覚める」という設定は、のちの『マトリックス』(一九九九年)と同じですね。

クエイドは自分が夢の中にいると自覚していないので、「お前の言うことなんか信じないぞ!」と薬を拒みます。すると博士は「私が言っても信じないだろうと思って、あなたの奥さんを連れて来た」と、奥さんと一緒になってクエイドを説得しようとします。クエイドの立場にしてみれば、この二人は敵の手先であり、赤い錠剤は毒薬で、飲んだら死ぬかもしれないわけです。でも博士はクエイドに銃を突きつけられながら平然としています。「私はあなたの夢の中に入って来ているだけだから、銃で撃たれても死にませんよ」と言うのです。ところが彼の顔をじっと見ていると、頬を一筋の汗が伝いました。クエイドはそれを見逃さずに博士を撃ち殺します。奥さんが

「もうこれであなたは現実の世界には戻れない。バカな決断をしたわ！」と言っているので、そっちも殺してしまいます。ですが、**クエイドの判断は本当に正しかったのでしょうか？　エッジマー博士が正しかった可能性は大いにあります**。それに「一滴の汗を見逃さず」というのも、いかにもフィクションくさい「カッコいい」場面な気がします——それをいったら映画全体がそうなっているわけですが。なおヴァーホーヴェン監督はエッジマー博士の汗について、「クエイド自身が仮想記憶の中で作り上げた偽の手がかりの可能性もある。そうなった方が彼の中で辻褄《つじつま》が合うからだ」と言っています。

フィリップ・K・ディック的な世界

原作を書いたフィリップ・K・ディックという作家は主観と客観、現実と妄想の間でぐらつく精神……というテーマに取り憑かれていました。「人間そっくりのものは本物の人間と何が違うのか？」という『ブレードランナー』（原作『アンドロイドは電気羊の夢を見るか？』）もそうだし、連続的にどんどん別人の姿形を表示し続けるスーツが登場する『スキャナー・ダークリー』（二〇〇六年／原作『暗闇のスキャナー』）でも同様の主題が追求されています。ディックの作品はよく「パラノイア的（偏執狂的)」と形容されますが、**世界そのものが現実なのか妄想なのか分からないとしたら、いったい誰を、何を信じたらいいのか分からなくなるわけで、パラノイアに陥らない方がおかしいくらいです**。ディックの作品や、それを元にした映画に触れると、いつも足元の地面がねじれ、ぐらついて、手がかりを失った世界に放り込まれたような気分になります。我々は「主観」から脱却できず、だからこそパラノイア的にならざるを得ないからです。

『トータル・リコール』はSF超大作で特撮も派手な作品です。クエイドが鼻の穴からピンポン玉くらいの大きさの発信器を取り出すシーンがあります（その発信機のせいで敵に居場所がばれてしまうからです）。このシーンは非常にリアルなダミーを使って撮影されているのですが、本当に鼻からピンポン玉を抜いているようにしか見えません。特殊メイクを手がけたのは『遊星からの物体X』（一九八二年）や『セブン』（一九九五年）で知られる、天才的な特殊メイクアップ・アーティストのロブ・ボッティン。クエイドが大柄な女性に変装して火星に乗り込もうとするとき、女性の顔が割れて中からシュワルツェネッガーの顔が出てくるというシーンは有名です。驚くべきことに、この場面では「外側」の女性の顔のみならず、「内側」から出てくるクエイドの顔もロブ・ボッティンが作ったダミーでした。ダミーの顔の中にダミーの顔が入れ子のように入っていたわけですが、この場面自体が映画と同様、「どこまでが本当か分からない」ものになっているのも面白いところです。

絵に描いたようなハッピーエンド？

『トータル・リコール』のエンディングは絵に描いたような「ハッピーエンド」です。主人公は危機的な状況から間一髪で脱出し、悪者をやっつけて、火星には青空が戻り、夢の女性とキスをしますが——その、あまりの空々しさが観る者を不安にさせます。ヴァーホーヴェン監督は本作のクエイドの大冒険はすべて仮想記憶、という立場をとっています（「主人公がリコール社で暴れ始めてからあとは全部妄想だ」とのことです）。最後に空気の蘇った火星でキスをする場面がホワイトアウトするのは、仮想世界から帰って来られなくなったクエイドがロボトミーされて廃人になった状

女性の「顔」が割れて、中からクエイド（アーノルド・シュワルツェネッガー）の顔が登場するシーン。

態を表現しているんだ、というのです。ただ、シュワルツェネッガー主演のSFアクション映画を期待して映画館に来た観客に「全部夢でした」というオチを見せるわけにもいかない、ということでエンディングが現実なのか夢なのかについては曖昧なままにとどめておいたと。とはいえ**すべてが夢であり、ラストシーンで主人公が廃人になってしまったとして、それはバッドエンドなのか？**という疑問は残ります。彼の主観ではハッピーエンドだったのかもしれません（『未来世紀ブラジル』〈1985年〉もそういう両義性のあるエンディングでした）。

確かに『トータル・リコール』は仮想記憶内における、偽物の冒険に終始した物語だと見るのが妥当だし、さまざまな手がかりもそれが仮想記憶であることを指し示しています。にもかかわらず、「すべて本当に起きたことである」という、正反対の観方をすることも問題なくできるところが『トータル・リコール』を興味深い作品にしています。それが可能なのは本作が「主人公の主観で描かれている」からです。記憶にせよ人格にせよ、その真偽を判断するためには客観が必要ですが、われわれには基本的に主観「しか」ないため、「果たして自分が〝現実〟だと思っていることは本当なのだろうか？」というフィリップ・K・ディック的な迷いや不安がどうしても生じます。だから『トータル・リコール』についても、それを主観的な表現として観るか、あるいは客観的な表現として観るかで見え方が全然違ってくるわけで、図と地が次々と入れ替わる「だまし絵」のような感覚が楽しめる、一風変わった映画になっています。

『トータル・リコール』をざっくり一言で言うと「**ゲームのやりすぎには注意！**」です。仮想現実の世界にどっぷり浸かって、現実に帰って来られなくなったら……あれ？　それはそれで楽しそうな気もします。ぼくもゲームに夢中になっているときは現実のことなど忘れて没頭していますから、本人さえ楽しければいいのかもしれません。「ゲームのやりすぎはダメ！」とはなかなか言えないです。現実もゲームも同じように楽しければ、それに越したことはないんでしょうが……。

主人公の奥さんを演じているシャロン・ストーンは、この二年後に公開されたポール・ヴァーホーヴェン監督の『氷の微笑』（一九九二年）で主役を演じて大ブレイクを果たしますが、『トータル・リコール』のときはキャリアアップを目指して奮闘中でした。彼女が「現実の」優しい奥さんと「夢の中の」凶暴な奥さんをくるくると演じ分けているのを見て、ヴァーホーヴェン監督は『氷の微笑』のキャスティングを思いついたそうです。『トータル・リコール』には主人公の夫婦がベッドの中でイチャイチャするエロチックなシーンがありますが、監督がシャロン・ストーンに「もうちょっと脱いでほしい」とお願いしたら「ダメ」と断られたそうです。『氷の微笑』でシャロン・ストーンは惜しげもなくヌードを披露していますが、このときヴァーホーヴェン監督は『トータル・リコール』のときの意趣返しができた！」と喜んだとのことです。

目の前の問題とは直面すべきだ

『ウォーリー』

(二〇〇八年・アメリカ/原題:WALL-E)

ゴミ捨てロボット ウォーリー

二〇〇八年の映画『ウォーリー』はピクサーのファミリー向けCGアニメーションですが、「地表をすべてゴミが埋め尽くし、どこにも生き物の姿が見えない」という非常に絶望的で終末的なビジョンから始まります。人類は皆、巨大な宇宙船に乗って地球を脱出してしまったのです。しかし、どこまでも続くゴミの山の中で、ちっぽけな一台のロボットが孤独に作業を続けていました。それが主人公の「ウォーリー」で、彼はゴミを集めてキューブ状に圧縮し、それを積み上げる日々を……七百年間も続けています。ソーラーパネルで充電できるのでずっと稼働しているのですが、同型のロボットで動いているものは残っていません。故障などで動かなくなってしまったのです。ウォーリーは、機能を停止した仲間の残骸からパーツを調達して、自ら交換する

監督:アンドリュー・スタントン
声の出演:ベン・バート/エリサ・ナイト/ジェフ・ガーリン

あらすじ
環境が悪化してゴミに埋もれた二九世紀の地球。そこに人類の姿はなく、七百年もの間、孤独にゴミを片付けるロボットのウォーリーとゴキブリのハルだけがいた。ある日、ウォーリーの前にイヴというロボットが現れる。イヴに一目惚れしたウォーリーは、彼女(?)を追いかけてロケットにしがみつき、宇宙空間に飛び出すのだが……。

ことで生きながらえています。彼のボディには「ウォーリー（WALL・E）」と書かれていますが、これは「Waste Allocation Load Lifter-Earth Class（廃棄物配置運搬起重機／地球型）」という意味で、つまり製品名です。

人間がいなくなった後、完全に廃墟と化した都市でウォーリーがちまちまとゴミを整理し続けているさまには胸を打たれます。ウォーリーは機械なのでプログラムされた通りのことを実行しているに過ぎないのですが、もはや意味を持たなくなってしまった作業をそうと知らずにせっせとこなしている様子はいかにも切ないです。人間はロボットのような無機物でも、顔がついていたり、あるいは動いていたりするとつい人格のようなものを背後に想像してしまう傾向があります。ぼくは自宅の床掃除をロボットにやってもらっているのですが、ロボットが働くところを見ていて「一所懸命で偉いし、可愛いなあ」と思ってしまいがちです。平べったいお煎餅のような形をした無機質なロボットで、まるで人間とはかけ離れているのですが……。ウォーリーは、アニメのキャラクターとして非常に可愛いらしく、また機能的に納得のいくようなデザインになっているのでよりその感覚は強まります。SF映画で人間型でないロボットに感情移入してしまうことはよくあります。『スター・ウォーズ』シリーズにはR2-D2を始め、多くの非人間型ロボットが登場しますが、どれも人格を持っているかのように感じてしまいます。

ウォーリーはゴミの中から気に入ったものを自分の家に持ち帰って、宝物のように大事にしています。彼のねぐらには、ルービックキューブを始めとする昔のオモチャや様々なガラクタが溢れています。ゴミ処理の最中、ウォーリーがケースに入った結婚指輪を見つけるところも面白いです。彼は指輪の価値を知らないのでポイッと捨ててしまいますが、蝶番がついていて開けたり閉じたりできる指輪ケースは気に入ったと見えて、お弁当箱に入れて持って帰るのです。

『ウォーリー』冒頭のような、「人類が完全にいなくなってしまった未来」というのは、映画で観ることがあまりないビジョンの一つです。人間が全然出てこない映画、というのがあまりないのと、人類が滅亡してしまった後に「物語」を成り立たせるのが難しいからです（例外はあります）。スティーヴン・スピルバーグ監督の『A.I.』（二〇〇一年）は、その意味で突出した作品だったと思います。『ウォーリー』の世界には、宇宙に脱出してしまったとはいえまだ人間がいますが、『A.I.』のラストは完全に人類が死に絶えた後の氷河期の世界だからです。そこに暮らしているのは進化を遂げてほとんど生命体のようになったロボットたちでした。「人類不在の地上でロボットだけが活動をしている」というところは『ウォーリー』と通じるものがあります。

大量生産・大量消費の行き着く果て

『ウォーリー』の地球はゴミによる環境汚染で荒廃しています。大量生産・大量消費の行き着く先に待ち受ける暗澹《あんたん》たる未来像が本作のテーマですが、この世界観は以前「シネマストリップ」でご紹介した『26世紀青年』(二〇〇六年)によく似ています(単行本『高橋ヨシキのシネマストリップ』に収録)。『26世紀青年』の地球にはまだ人類が住んでいますが、都市を一歩出れば天まで届くほどのゴミの山がそびえています。

『26世紀青年』と『ウォーリー』の類似点はゴミだけではありません。『26世紀青年』に登場する未来の人類は問題解決能力を失い、日がな一日カウチポテトでテレビを眺めているだけの、言ってみれば「消費者」のカリカチュアでした。『ウォーリー』で人類は宇宙に脱出し、豪華客船を思わせる宇宙船で優雅な、そして無意味な日々を送っています。宇宙船の中の環境は快適そのもので、人々は働く必要もなく、日がな一日座ったままコンピュータのモニターを見て過ごしています。彼らもやはりグロテスクなまでに戯画化された「消費者」です。数百年というときを経て、彼らは地球を脱出した当初の目的も忘れ、ぶくぶく太った肉の塊のような体型になってしまっています。「ピープル・ムーバー」という便利な移動式の椅子が座ったままでどこにでも連れて行ってくれるため、この人たちは立って歩くという動作も忘れてしまっています（「ピープル・ムーバー」は、もともとカリフォルニアのディズニーランド内「トゥモローランド」にあった電動式の移動車両の名前です）。彼らはコミュニケーションもモニター越しに行っているので、真横にいる他者と視線を合わせることもありません。生活の面倒も宇宙船の操作もすべてロボットがやってくれています。

地球がゴミの山と化したのは超巨大企業「バイ&ラージ」社のせいです。バイ&ラージ社は大量生産・大量消費を通じて実質的に世界を支配していた企業で、人類を宇宙に送り出したのも同社でした。環境を取り返しがつかなくなるほど悪化させたバイ&ラージ社は、ウォーリーを始めとするゴミ処理ロボットを大量に作って事態を改善しようとしたものの追いつかず、そこで人類を「ノアの方舟」的な超巨大宇宙船に乗せて脱出させたわけですが、つまり宇宙船の中で暮らす人々は現在もバイ&ラージ社によって「生かされている」のです。『ウォーリー』で最も恐ろしいのは、そのことを誰も疑問に思っていない、というところではないかと思います。

バイ&ラージ社は『1984』（一九八四年）の「党」のような分かりやすい抑圧者ではありませんが、自社の利益のために地球環境を完全に破壊し、その後は「快適さ」と引き換えに宇宙船に暮らす人々から批判的に考える能力や自立性を奪っているわけですから、本当は邪悪そのものです。**便利さや快適さと引き換えに、自分たちが何を企業や体制に売り渡してしまっているのか、ということは常に考えておく必要があります。**現実でも新しい製品、新しいシステム、新しい法律……多くのことが「皆さんの生活をより豊かに、便利にするためのものですよ」という名目で、いかにも正当なものであるかのようなふりをしています。しかし、それは本当なのか？　もしかして豊かに、便利になっているのは自分ではなくて相手の企業やシステムの方なのではないか？　と想像してみることは重要です。ぼくは別にここで、企業や政府の存在そのものを否定しようとしているわけではないし（でも、右肩上がりを永遠に追い求める資本主義は既に限界に達していると思います）、陰謀論的なものの考え方を奨励したいわけでもありませんが、耳に心地よいセールストークを鵜呑みにすることは危険だと思います。

青臭いことを言っているようですが、こういうことについて訳知り顔でただただ現状追認をすることは有害であるばかりか、事態の悪化を招くことが往々にしてある、とぼくは考えています。

ディズニー作品でありながら『ウォーリー』がこのような「大企業がもたらすディストピア」を描いたことは驚くべきことに思えます。ただ一方で『ウォーリー』には批判もあります。大企業や環境、大量消費社会などについての批判を映画が肩代わりしてくれることで、実際の問題から人々の目を逸らすことに繋がるというのですが、これは一概にそうとも言い切れません。『ウォーリー』を観て環境問題に目覚める子供だって（大人もですが）いるはずだからです。それに昨今、ディズニーを始めとする大企業が率先して環境問題に取り組んでいることも考慮する必要があります。

ウォーリーの友達

おっと、ウォーリーに小さな友達がいるのを忘れていました。それはハルというゴキブリです。ウォーリーはハルに餌として「トゥインキー」というアメリカのお菓子をやっています。これはスポンジケーキの中にクリームが入ったものですが、アメリカには「トゥインキーは絶対に腐らない」という都市伝説があります。これはトゥインキーが焼き菓子なのに賞味期限が長い（二五日ほど）ことから言われるようになった伝説で事実ではありません（実際のトゥインキーは普通に小麦や砂糖、卵などから作られた焼菓子です、念のため。包装がしっかりしているので賞味期限が長いのだそうです）が、ジョークとして「核戦争が起きても、トゥインキーとゴキブリだけは生き残る」と言われることがあります。『ウォーリー』はそのジョークをそのまま映像化してみせたというわけです。

そんな地球にある日「イヴ」というロボットがやってきます。イヴは人類が乗る宇宙船から地球に向けて放たれた探査ロボットです。イヴは地球に再び植物が生える兆しがないか調査に来たのですが、何百年も一人でゴミを片付けていたウォーリーはそんなイヴにメロメロになってしまいます。ゴキブリのハル以外、まったく他者のいない世界をロボットながらに寂しいと思っていたのでしょう。ウォーリーの楽しみの一つは古いビデオで『ハロー・ドーリー！』（一九六九年）を観ることですが、「こんな風に触れ合う相手がいたらいいな」と思っていたところにイヴがやってきたんですね。ところがイヴは最先端のロボットで、ウォーリーの方はすごく古い型なので、最初はなかなかコミュニケーションが成立しません。

サイレント映画的な演出

『ウォーリー』は会話シーンが極端に少ない映画です。ウォーリーにはまともな言語機能がないし、最先端のイヴも対話を目的としたロボットではないため、彼らの会話はお互いの名前を呼び合うような、非常に限定的なものです。普通にしゃべる人間が登場するのは物語の後半になってからです。アンドリュー・スタントン監督はバスター・キートンやチャールズ・チャップリンのサイレント映画を一年半くらい毎日観て、「どうすれば言葉に頼らない、サイレント映画的な表現ができるのか」を追求したそうです。ウォーリーとイヴには口もないのですが、目の角度や体の動きなどを使って見事な感情表現を実現しています。最小限の動きだけで最大限の表情が伝わるようなロボット・デザインには感嘆させられます。

本作のサウンドデザインを手がけたのはベン・バートという人です。彼は『スター・ウォーズ』シリーズの音響を手がけたことでも有名で、口笛のような音で喜怒哀楽を表現するR2-D2の声もこの人の発明です（「口笛のような音で」とリクエストしたのはジョージ・ルーカスでした)。ライトセーバーのハミング音やダース・ベイダーの特徴的な呼吸音もベン・バートの傑作です。『ウォーリー』はちょうどベン・バートが『スター・ウォーズ　エピソード3／シスの復讐』(二〇〇五年)の仕事を終えて、「やれやれ、もうロボットの音なんか一生作らないぞ」と思っていた時期に依頼されたそうですが、ストーリーを聞いて面白そうだと思い参加することになりました。本作のために彼は二千五百以上もの特殊な音を作ったそうです。映画の世界では効果音のことを「フォーリー」といいます(これは初期の映画でさまざまな効果音を生み出したジャック・フォーリーという効果音技術者にちなんだ名称です)。フォーリー・アーティストと呼ばれる技術者は、身近にあるいろんなものを叩いたり、引きずったりして意外な音を作る達人です。ベン・バートも面白い音を作るときには、最初からコンピュータで作るのではなく、街や自然の中を歩き回って使えそうな音を探すところから始めていきます。メイキング映像を観ると「あの音は、こんなものを使って出した音だったのか!」ということが分かって楽しいです。

本作をざっくり一言で言うと「**目の前の問題とは直面すべきだ**」ということだと思います。宇宙に逃避した人類に代わって、ウォーリーは地球でたった一人「問題と向き合って」きました。映画のラストでは、人類が七百年ぶりに「問題と向き合う」ことの重要性に気づくわけですが……うーん、これは、自分で言っていて耳が痛いテーマですね。**目の前の問題は、それが大変そうであればあるほど直視したくないものだからです。**そんなことではダメだよ、とウォーリーは身をもって教えてくれているんだと思います。

「トゥインキーは永遠に腐らない」という都市伝説は、二〇一八年の映画『移動都市/モータル・エンジン』にも登場します。『モータル・エンジン』は地球が壊滅するほどの「一六分戦争」から数千年後（正確なことは分かりませんが、最低でも千年以上後）という時代が舞台ですが、やっぱりトゥインキーは不滅でした。主人公の女の子はトゥインキーをほおばって「古代人の食べ物は永遠に腐らないのよ」と言います。『ウォーリー』もそうですが、そんな設定でも自社製品を映画に出すのを快諾してくれるメーカーの太っ腹には頭が下がります。冗談を冗談として分かってくれているのでしょう。『ゴーストライダー2』（二〇一二年）

にも同じようなギャグがありました。この映画の敵は、触れるもののすべてが腐って崩れ落ちてしまうのですが、トゥインキーだけは手に持っても全然大丈夫だったのです。地獄の呪いすら受け付けないトゥインキー、恐るべしです。

少年の最良の友は犬だ

『少年と犬』

(一九七五年・アメリカ／原題：A Boy and His Dog)

監督：L・Q・ジョーンズ
出演：ドン・ジョンソン／ティム・マッキンタイア／ジェイソン・ロバーズ／スザンヌ・ベントン

あらすじ
西暦二〇二四年、地球は第四次世界大戦の核攻撃で荒廃していた。主人公の少年ヴィック(ドン・ジョンソン)は、テレパシーで彼と会話できる超能力犬ブラッドと共に毎日を生き延びている。ある日、ヴィックは美少女クイラ・ジューン(スザンヌ・ベントン)を見つける。女性との接触に飢えた彼は、たまらず彼女の後を追いかけるのだが……。

わずか五日間で終結した第四次世界大戦

『少年と犬』は低予算のインディペンデント映画ですが、一度観たら忘れられないインパクトを持ったパワフルな作品です。原作はハーラン・エリスンの短編小説で、核戦争後の荒廃した地球が舞台です。エリスンは『「悔い改めよ、ハーレクィン!」とチクタクマンはいった』や『世界の中心で愛を叫んだけもの』など、代表作に事欠かない、ニューウェーブの作家です(二〇一八年六月二八日、八四歳で逝去)。エリスンはいわゆるSF作品を沢山ものしていますが、「SF作家」とカテゴライズされることを嫌い、同じ「SF」という略語でも「サイエンス・フィクション(直訳すれば「科学小説」)。一般には「空想科学小説」)」ではなく「スペキュレイティヴ・フィクション(思弁的小説)」という言い方を好みました。どうしてエリスンの呼称にここまでこだわるかというと、あの世からエリスンが怒鳴り込んできそうな気がして落ち着かないからです。生前のエリスンは歯に衣着せない毒舌で知られた「ケンカ屋」でもありました。

地球は第三次世界大戦と第四次世界大戦、二つの大戦によって完全に砂漠化しています。冒頭で「第四次世界大戦はわずか五日間で終わった」と宣言されるのがショッキングです。取り返しのつかない全面核戦争が起こったということが、戦争にかかった日数を示されただけで分かってしまうからです。

この映画は後世の映画に大きな影響を与えました。全面核戦争による世界の破滅を描いた作品は『少年と犬』以前からありましたが、何もない砂漠をぼろをまとった人々が彷徨《さまよ》う本作のビジョンは強烈でした。先行する作品としては一九六八年の『猿の惑星』がすぐに思い浮かびますが、『猿の惑星』では猿たちが独自の文明を地上に築いており、草木も生えています。『少年と犬』の、本当に見渡す限り何もない光景の侘しさは徹底しています。「核戦争後に砂漠と化した世界」を描いた映画の筆頭といえば『マッドマックス2』（一九八一年）ですが、これも本作の直接的な影響下にあります。監督のジョージ・ミラーは「『マッドマックス2』は『少年と犬』をより商業的にしたものだ」と語っています。ただ『マッドマックス2』では生き残った人々がガソリンの奪い合いをしながら猛スピードの車で砂漠を突っ走っていますが、『少年と犬』の世界はもっとショボくて、ガソリンで走る車もありません。みんなとぼとぼと歩いたり、ちょっと力のある者が荷物を積んだ台車を奴隷に引かせたりしているだけです。

インテリ犬ブラッド

時代設定は二〇二四年。かろうじて核戦争を生き延びた人々は、どこまでも続く砂漠で過酷な生活を強いられています。主な食料はあちこちの地面に埋まっている缶詰です。大爆発で発生した灰燼《かいじん》がすべてを覆って砂漠化してしまったので、そういうものが「発掘」できることがあるのです。主人公の少年ヴィック（ドン・ジョンソン）はブラッドという名前の犬と一緒

ブラッドを演じる
名犬タイガーと、
ヴィックを演じる
若き日のドン・ジョンソン

に放浪生活を送っています。放射能の影響でしょうか、ブラッドには高い知能があり、テレパシーでヴィックと意思の疎通をとることができます。彼らの関係は飼い主とペットのそれではありません。**ブラッドは犬ですがとてもインテリで、戦争前の世界の歴史にも通じており、ヴィックに知識を授けてくれます**。また、当たり前ですがブラッドは嗅覚が優れているので、その能力も二人（一人と一匹ですが、ブラッドにも人格があるのでこう書きたくなります）がサバイブするのに役立っています。核戦争後の世界しか知らないヴィックは教育を受けたことがありませんが、文字を読むことはできます。おそらくブラッドに教えてもらったのでしょう。犬の方が先輩なのです。

ヴィック少年は基本的に「食うこと」と「セックスすること」しか考えていません。どこかにセックスさせてくれそうな女の子はいないかな、とヴィックが毎日のように聞くので、犬のブラッドはうんざりしています。ある日ヴィックは、小さな物々交換キャンプでクィラ（スザンヌ・ベントン）という可愛らしい娘に出会います。セックスしたい一心でクィラを追ったヴィックは、途中で彼女が落としたカードキーを見つけて拾います。このカードキーは「トピーカ」と呼ばれる地下世界への鍵でした。

グロテスクな「古き良きアメリカ」の地下世界

地下世界へ入る場面は低予算映画の鑑とも言える手法で撮られています。砂漠のど真ん中に、小さな掘っ立て小屋のようなものがあって、そこに入ると中に地下へと通じる階段があるのです。大掛かりなセットや特撮ではなく、単なる掘っ立て小屋一つですが、この場面にはイマジネーションをかき立てられます。SFでいうところの「センス・オブ・ワンダー（驚異の感覚）」があるからです。一九八九年の『サルート・オブ・ザ・ジャガー』という映画には、これとそっくりな場面があります。『ブレードランナー』（一九八二年）の脚本家デヴィッド・ピープルズが監督した『サルート・オブ・ザ・ジャガー』も、「荒廃した地上と隔絶した地下に文明社会が存続していた」という設定ですが、これが『少年と犬』の影響を受けていることは明らかです。影響といえば、世界的な人気を誇る『Fallout（フォールアウト）』というゲームシリーズがあります。これは核戦争後の世界を舞台にしたロールプレイング・ゲームで、『少年と犬』や『マッドマックス2』の申し子と言っても過言ではありません。このゲームには「ドッグミート（犬肉）」という名前の犬が主人公のコンパニオンとして登場、敵の居場所を察知したりアイテムを発見したりと、何かにつけ主人公をサポートしてくれるのですが、これは『少年と犬』のヴィックとブラッドの関係をそのまま模したものです。地下世界があるところも共通しています。それに「ドッグミート」というのは、もともと『少年と犬』で腹を立てたブラッドがヴィック少年をバカにして呼んだときの言葉でした。

『少年と犬』の地下世界に広がる文明は、ヴィックが知っている砂漠と化した地上とはまったく別世界でした。そこには建物があり、農園があり、教会があります……まるで開拓時代のアメリカのような光景が広がっているのです。そこに暮らす人々もまた、西部開拓時代そのままの格好ですが、彼らは一様に顔を薄気味悪い白塗りにして、男女ともに笑い顔に見えるように口紅を引いています。彼らはかつての開拓者たち（のイメージ）のように「清く正しく」生活を営んでいる……ふりをしています。白塗りに笑い顔の化粧と同じように。

地下世界は、表面的には「古き良きアメリカ」そのものですが、実際は美辞麗句と嘘にまみれたディストピアです。当然そこには権力者もいて、彼に逆らうとすぐに死刑にされてしまいます。**上辺を繕っただけの、偽りの地獄世界……これが現代社会、現代アメリカへの強烈な一撃であることは言うまでもありません。**テレビドラマ『大草原の小さな家』（一九七四年〜八二年）を裏返して、腐臭を放つ内臓を掴み出してみせたかのような強烈さがここにはあります。この世界を見てしまうと、危険に満ちてはいても砂漠を彷徨《ほうこう》していた方が良かった……という気持ちになります。抑圧と欺瞞《ぎまん》しかないディストピアよりは、荒廃していても自由があるディストピアの方がずっとましだ思えてくるのです。

「トピーカ」と呼ばれる地下世界も面白い方法で撮影されています。芝生や農場、それに墓場もあるトピーカは広大な世界ですが、地下にあるという設定です。つまり、上に空があっては困るわけですが、『少年と犬』はこの問題を「単に夜に撮影する」という手法で乗り切っています。トピーカの場面は、実際には普通に外で撮影しているのですが、真っ暗な夜に撮影しているので上の方に天井があるように思えるのです。

トピーカの人々には生殖能力がありません。そこで数年に一度、地上から健康な男を引っ張り込んで、子作りを行っているといいます。この話を聞いたヴィック少年は「願ったりかなったりだ」と喜び勇んでトピーカにやってきたのですが、待っていたのは味も素っ気もない「精液搾り取りマシン」でした。ハーレムのつもりが、機械に繋がれて精液を搾り取られるだけと知ったヴィック君の落胆たるや……というところですが、そうそう美味しい話があるわけないのです。ましてや核戦争後のディストピア世界においては。

若きドン・ジョンソンと名犬タイガーの好演

主人公ヴィックを演じているのは、若き日のドン・ジョンソンです。彼はのちに刑事ドラマ『特捜刑事マイアミ・バイス』(一九八四年〜八九年)で大スターとなりましたが、本作では文字通り「少年」の初々しさを漂わせています。撮影が開始されたとき(一九七三年)にドン・ジョンソンは二四歳だったはずですが、もっとずっと若く見えます。相棒のブラッドという犬を演じたのはタイガーという名前の犬で、この犬の名演も見逃せません。テレパシーにより人間の声でしゃべるとはいえ(声を担当したのは本作の音楽も担当したティム・マッキンタイア)、画面を見ていると本当に犬が考えて芝居をしているようにしか見えません。『少年と犬』には『少女と犬』という続編の企画があったそうですが、名犬タイガーが死んでしまったため、製作を断念せざるを得なかったとのことです。

監督のL・Q・ジョーンズはサム・ペキンパー作品などに出演していることで知られる俳優でもあります。背が高くてスタイルの良い人です。『少年と犬』は原作の小説が発表された直後から映画化の引き合いが沢山あったのですが、原作者ハーラン・エリスンはこのL・Q・ジョーンズと意気投合、一緒に脚本を書くことにしました。ところがエリスンはこのとき、作家人生で初めてのスランプに陥ってしまい、いつまで経ってもシナリオが仕上がらなかったので、結局L・Q・ジョーンズが代わりに執筆したとのことです（DVDライナーノーツの高橋良平氏の記述による）。完成した映画は高く評価され、一九七五年のヒューゴー賞（SF作品や関連人物に贈られる賞）を受賞したほか、ドン・ジョンソンはサターン賞（SF、ファンタジー、ホラー作品に贈られる賞）の主演男優賞を獲得しています。

この映画をざっくり一言で言うと「**少年の最良の友は犬だ**」というお話です。『少年と犬』というタイトルが本当は何を意味していたのかも映画を最後までご覧になれば分かるはずですが、せっかくのお楽しみなのでここでは伏せておくことにします。

『ウォーリー』のコラムに書いた通り、『移動都市／モータル・エンジン』（二〇一八年）では、世界を壊滅させた戦争が「一六分戦争」と呼ばれています。これが『少年と犬』の「五日間で終わった第四次大戦」へのオマージュであることは確実です。映画ではありませんが、『少年と犬』には続編があります。それが『ヴィックとブラッド』（一九八九年）というグラフィック・ノベルで、作画を担当したのは『ヘビー・メタル』（一九八一年）のエピソード『Den』の原作者としても知られるリチャード・コーベンです。コーベンは『ヘビー・メタル』のポスターも手がけているほか、ミートローフのアルバム『地獄のロック・ライダー』のジャケット、一九七四年の映画『ファントム・オブ・ザ・パラダイス』のポスターなど、彼の素晴らしい仕事は枚挙に暇がありません。なお『ファントム・オブ～』のポスターは原画をニール・アダムスが担当、コーベンが彩色を行いました。

友達は大事にしろ

『レディ・プレイヤー1』

（二〇一八年・アメリカ／原題：Ready Player One）

監督：スティーヴン・スピルバーグ
出演：タイ・シェリダン／オリヴィア・クック／ベン・メンデルソーン／リナ・ウェイス

あらすじ
環境が悪化し、格差が拡大した西暦二〇四五年。人々は皆、現実逃避のためにVR（バーチャル・リアリティ）ゲーム「オアシス」の世界に入り浸っていた。あるとき、このゲームの創始者で大富豪のジェームズ・ハリデー（マーク・ライランス）の遺言が発表される。「オアシスに隠された謎を解いた者には、このゲームの所有権と五千億ドルを授けよう――」。ゲームの世界を舞台に、ハリデーが遺した「謎」を解くための冒険が幕をあける！

イースターエッグという聖杯

スティーヴン・スピルバーグ監督作品『レディ・プレイヤー1』は、アーネスト・クラインのSF小説『ゲームウォーズ』を映画化したものです。舞台は近未来、二〇四五年のオハイオ州コロンバス。主人公のウェイド君（タイ・シェリダン）が住む街はスラム化しており、人々はトレーラーハウスを高く積み上げた構造物の中で暮らしています。スラム的なディストピア都市、というのはSF映画によく登場しますが（二〇一九年公開の映画『アリータ：バトル・エンジェル』もそんな感じです）、トレーラーハウスが山のように積み上げられた「街」……というビジョンはかなり強烈です。トレーラーハウスというのは、コンテナに車輪がついたような「トレーラー」を住居のようにした、貧困層が住む簡易住宅のことです（「モバイル・ホーム」とも呼ばれます）。

トレーラーハウスは大抵「トレーラーパーク」と呼ばれるところに並んで小さな町を形成しているのですが、これは電気や水といったインフラを共同で使うことができるからです。『レディ・プレイヤー1』のスラム街は、そんなトレーラーパークを垂直方向に延長したものです。

スラムに暮らす人々は主人公も含めみんな貧乏ですが、彼らの心の拠り所となっているのが「オアシス」というVR（バーチャル・リアリティ）ゲームです。オアシスの中には広大な世界が広がっていて、自由度も高いのでプレイヤーは何でもできるし、何にでもなれます。憧れのヒーローの姿となって大活躍することもできるし、レースや格闘を楽しむこともできます。

オアシスの開発者はジェームズ・ハリデーさんという人で、ゲームのプレイヤーにとっては神のような存在ですが、しばらく前に亡くなっています。しかし彼は生前、ゲームの中に宝物＝「イースターエッグ」を隠していました。「ゲーム内に隠された三つの鍵を見つけて、イースターエッグの謎を解いた者にオアシスの全権利と五千億ドル（日本円で約五五兆円）を移譲する」というのがハリデーの遺言です。

イースターエッグというのは、ゲームとか映画に隠された「制作者のお遊び」のことです。本来、それはオマケ的な要素であって、作品の本質ではありません。しかしこの映画の中ではそれがまるで聖杯のような位置づけになっています。オマケと本質の立ち位置が逆転しているのです。**主人公ウェイド君のゲーム内での名前は「パーシヴァル」といいますが、これはアーサー王伝説に登場する円卓の騎士の名前です。つまり『レディ・プレイヤー1』は「聖杯としてのイースターエッグを探し求める」物語なのです。**

しかし、当初は血まなこになってイースターエッグを探していたプレイヤーたちの多くは既に脱落してしまっています。最初の関門のレースゲームが難しすぎて、誰もゴールできないまま数年の歳月が過ぎていったからです。別にイースターエッグを手に入れることができなくても、普段通りオアシスでのVR生活を満喫することはできるのですから、わざわざ

ウェイド(パーシヴァル)を演じるタイ・シェリダン。

勝ち目のないレースに毎日挑戦しなくてもいいや、と思うのは当然のことでしょう。

一方でウェイド君と仲間たち（みんなオアシスで知り合ったオンラインの友達です）は、まだイースターエッグ探しを諦めていません。そんな彼らの最大のライバルが悪の大企業で、この会社はオアシスの権利を手に入れて、これまで禁じられていたゲーム内の広告を許可することで莫大な利益を手に入れようと目論んでいます。

プレイヤーたちは「ハリデーさんがイースターエッグを隠すとしたら、本人が好きだったものに手がかりがある」という認識を共有しています。謎を解くヒントはハリデーさんが大好きだった八〇年代のポップカルチャーに隠されているはずだというわけです。大企業は人海戦術でことに当たります。ポップカルチャーの専門家を集めたチームを作って、しらみつぶしに手がかりを探しているほか、レースにも大人数を投入しています。

ウェイド君と仲間たちも負けてはいません。彼らは一種の「ハリデーさんオタク」で、彼にまつわるトリビアルな知識では大企業の調査チームに引けをとっていません。

一体、最初に謎を解いてイースターエッグを手に入れるのはどちらなのでしょうか……というのが『レディ・プレイヤー1』の大まかなストーリーです。

ポップカルチャーのアイコンと聖人信仰

この映画はポップカルチャーのアイコンが大量に登場することで話題になりました。興味深いのは、出てくるキャラクターがみんな「アバター」であるということです。画面に登場するポップカルチャー・アイコンの数々は、プレイヤーが服のようにまとった「ガワ」＝外観に過ぎません。つまり、みんなが好きなキャラクターのコスプレをしているような状態であって、見た目は本物のようでも「キャラクターそのもの」ではありません。にもかかわらず、**この映画を観ていて「自分が好きなキャラクターが登場すると、それだけでうれしくなる」という感覚には、宗教的な「聖人信仰」に近いものがあるのではないかとぼくは考えています**。それはつまり、宗教の信者が好きな聖人とか仏様を拝みに行って「その姿を目にするだけでありがたい、うれしい」という感覚です。「ガワ」がどうあれ、キャラクターのイデアを見出していると言ってもいいかもしれません。

仏像や聖人像で描かれる聖人は、その姿はまちまちでも、同じ仏あるいは聖人を指し示すものです。もともとは平面のアニメや漫画のキャラクターがオアシス内では同一の質感になっている、という点は象徴的です。例えば本作には『ルーニー・テューンズ』のマービン・ザ・マーシャンというキャラクターが出てきますが、その姿は平面的なセル画でなくて3DのCG映像です。機動戦士ガンダムが登場するシーンは日本の観客を喜ばせましたが、ガンダムも同じようにこの映画では3DのCG映像に置き換わっていました。ゲーム内の世界観に一貫性を持たせるためだと思いますが、その結果、多くのキャラクターが均質化し、あたかも大勢の聖人を描いたタペストリーだとか、京都の三十三間堂のような世界が出現することになりました。

「ガワ」と「そう見られたい自分」

ウェイド君と仲間たちは、それぞれ独自《オリジナル》の「ガワ」をまとっています。まあこれは当然です。ウェイド君がもしもダース・ベイダーやポケモンの「ガワ」をオアシス内でまとっていたとしたら、観ていて混乱するに決まっています。だから主だったキャラクターはポップ・カルチャー起源でないオリジナルの外観をしているわけですが、そこに大きな違いはありません。ヒロインのArt3mis（アルテミス／オリヴィア・クック）が言うように、みんな「他者からこう見られたい自分」をアバターとして採用しているからです。だからアルテミスは、「君のことが好きだ」と言うウェイド（パーシヴァル）に「あなたが惚れているのは単にアバターの私。私が作った〈人にこう見られたい〉自分でしかないですけど」と言ったのです。

さて、オアシスのクリエイターで「イースターエッグ争奪戦」を仕掛けたハリデーさんは、自分にまつわるすべての資料をアーカイヴ化して（「アノラック年鑑」）、オアシス内の図書館に保存していました。そこではハリデーさんの人生の中でポイントとなる場面を3D映像で観ることができます。映像はオアシス内のゲーム映像とは異なり、実写のように見えますが、よく考えてみるとそんな映像が残っているわけはありません。これを実現するためには、ハリデーさんが幼少期から死ぬまで、ずっとドローンか何かを使って自分と自分を取り巻く状況をありとあらゆる方向から撮影している必要があります。そんなわけはないので、つまり「アノラック年鑑」で観ることができるハリデーさんの人生は、ハリデーさん自身が作り上げた「自分史」のようなものだということができます。であれば、いわゆる「自分史」の大半がそうであるように、ハリデーさんの「自分史」も、果たしてそれがすべて歴史的事実だったのかどうかに関しては極めて怪しいものであると言わざるを得ません。なぜなら人間は、常に記憶を都合よく改変し続ける生き物だからです。

これが面白いのは、そう考えることで「イースターエッグ争奪ゲーム」を通じて明らかになる彼の人生すべてが、全部結局、死を前にしたハリデーさんがデッチ上げた、「自分のことをこう見てほしい」という欲望の発露だとみることが可能になるからです。ハリデーさんはしかし、じゃあ「人からこう見られたい自分」を「オアシス」の世界に託して死んでいくことで、何がしたかったのでしょうか？ もちろん、「こう見られたい自分」を一番理解してくれる相手にオアシスを託したい、ということはあったでしょう。それが表向きの理由で、映画もそういうことで納得がいくように作られています。

ハリデーの望んだこと

ところが映画の終盤、すべての試練を乗り越えてイースターエッグにたどり着いたウェイド君（パーシヴァル）は、ハリデーのアバターに「さあこれにサインすれば『オアシス』はすべて君のものじゃよ」と言われたとき、「何かがおかしい、こんなことをハリデーさんが言うはずがない」と気づきます。すると、ガラガラと「オアシス」の世界が消え失せて、少年時代のハリデーさんがテレビゲームをプレイしている屋根裏部屋が登場したではありませんか。ハリデーさんはウェイド君に「いいか、友達や現実世界での友人関係や恋愛関係を大事にするんだぞ（大意）！　なんといっても現実の方は〈本当〉なんだから」と言って、にやりと笑うと姿を消してしまいます。

ハリデーさんの「にやり」が意味するところは明白です。おそらくハリデーさんは何らかの方法で自分の意識を「オアシス」内にアップロードすることに成功して、仮想の電脳空間に「生き続けて」いるのです。ハリデーさんが電子サーキット上の、意識だけの存在になっていると考えると、彼が「現実を大事にしろよ！」と言う理由にも納得がいきます。彼の意識は「生き続けて」いるにもかかわらず、肉体が失われてしまったため、「現実」にはもう永遠に手が届かないからです。

ぼくが最初に『レディ・プレイヤー1』を観たときに、とても疑問に思ったのは、「オアシス」を完全に消去できるボタンを手に入れたウェイド君が、それを押さなかったことでした。ウェイド君のキャラクターや行動原理は別として、一種の「ディストピア世界における「バーチャルな麻薬」として作用している「オアシス」の世界というものを存続させてしまったことで、この映画が何を言いたいのか、焦点がぼやけてしまったような気がしたからです。ディストピア映画は基本的に、主人公が体制に屈して負けるか、あるいは革命が成功して体制がひっくり返り、より良い世界への希望が生じるか、という二種類に分けることができますが、『レディ・プレイヤー1』ではオアシスという「システム」は温存されており、しかも主人公がそのシステムの覇者になってしまうのです。しかし、『レディ・プレイヤー1』は結局、バーチャル世界がどうのこうの、あるいはディストピアがどうの、という作品ではないがために、そのような展開にする必要がなかったのかな、と今は考えています。

『レディ・プレイヤー1』は、ハリデーさんという人が、ウェイド君という若者に「自分を超えて行け！」と叱咤激励する物語であるがゆえに、そしてまたそのハリデーさんが既に現実世界においては「死んでいる」がゆえに、彼と一心同体である「オアシス」を破壊するわけにはいかなかったのでしょう。「死ぬ」ことができるのは現実世界に「生きている」人だけです。だからオアシス内で人がバタバタと「死ぬ」描写は、言ってみれば「バーチャルに死んでも、現実ではいくらでもやり直しができるんだぞ！」という優しい目線から来るものではないかと思います。これはちょっと、アラン・パーカー監督の『ダウンタウン物語』（一九七六年）のエンディングにも通じます。『ダウンタウン物語』は登場人物がすべて子供のギャング映画で、銃から発射されるのは実弾ではなくパイです。映画のラスト、パイまみれになって「死んだ」ことになった子供たちは、しかし起き上がって（本当はパイがぶつけられただけだから当り前ですが、映画ではずっと「パイが当たる」↓「死亡」という描き方をされているので意表を突かれます）歌い出すのです。「これから何にだってなることができる。まだ手遅れじゃないんだ」と。

先に書いた「ハリデーさんの記録は、ひょっとしてハリデーさんにとっての『他人からこう見られたい自分』だったのでは？」という疑問に、いま一度立ち返ります。ぼくの妄想では、あれはハリデーさんが、わざと誇張して、本当よりちょっと「現実世界での自分の至らなさ、ダサさ」を演出していたのだと思えてなりません。ハリデーさんの「ガワ」は、「カッコ悪く見えてもいいから、誰か真意を汲み取ってくれるプレイヤーにとってヒントとなるようなもの」である必要があったはずだからです。「ガワ」でない部分の重要性に気づいてもらうために、ハリデーさんは「ガワ」としての自分をアーカイヴしておいたのかもしれない、と考えると愉快な気持ちになってきます。

フィクションから受けた感動は偽物ではない

『レディ・プレイヤー1』は『マトリックス』（一九九九年）のように「偽りの現実なんかクソ喰らえだ！　みんな目を覚ませ！」と主張しない、一風変わった「ディストピア映画」です。**バーチャル世界と現実が限りなく等価なものとみなされていて、オアシスがあること自体に異論を唱えないところは非常に現代的だと思います。**でも現実とゲームはやっぱり違うはずだ、ハリデーさんも「現実を大事にしろ」と言っていたじゃないか、と思われるかもしれませんが、ハリデーさんは「ゲームをやめろ」と言っていないし、ウェイド君もオアシスを消去しません。なぜでしょうか。

アメリカのテレビアニメ『サウスパーク』に『レディ・プレイヤー1』と似たエピソードがあります。二〇〇七年に放送された「イマジネーションランド・トリオロジー」と呼ばれる三話連続のエピソードがそれで、アメリカ人が想像で生み出した架空のキャラクターたちが暮らす「イマジネーションランド」という世界に主人公が行く話です。このエピソードに、非常に感動的なセリフがあります。「漫画とか映画とか、フィクションのキャラクターが本物じゃないってことは、僕らだって分かっている。でも、フィクションから受けた感動は偽物じゃないんだ」

スピルバーグは万人向けのエンターテインメント映画を作り続けてきた監督です。そのため「スピルバーグっぽい」映画と聞くと『グーニーズ』(一九八五年)とか『バック・トゥ・ザ・フューチャー』(一九八五年)のような世界観を思い浮かべる人も多いと思います。『レディ・プレイヤー1』も「SF・ファンタジー的な世界で、主人公がさまざまな魔術的なアイテムを使って聖杯探しをする」と聞くと、いかにも「スピルバーグっぽい」映画だな、という感じがします。しかし、この「スピルバーグっぽい」というイメージは間違いです。実際のスピルバーグは「子供たちが大冒険」するような映画を全然作っていないからです。『グーニーズ』も『バック・トゥ・ザ・フューチャー』も、スピルバーグの監督作品ではありません(スピルバーグは制作総指揮)。『インディ・ジョーンズ』シリーズは聖杯をめぐる冒険譚ですが主人公は大人だし、『E.T.』(一九八二年)は郊外を舞台にしたささやかなファンタジーで、『レディ・プレイヤー1』のような大文字のアドベンチャーではありません。スピルバーグ作品でこのイメージに一番近いのは『フック』（一九九一年）ですが、あれは「中年になったピーター・パンが子供の世界にズカズカ入り込んでくる」という話なので、ちょっと毛色が違います。そう考えると『レディ・プレイヤー1』は、スピルバーグがこれまで決して撮らなかった、幻の「スピルバーグ映画」のように思えてきます。スピルバーグ映画のトレードマークともいえる、残酷なギャグも盛り沢山です。

この映画をざっくり一言で言うと「**友達は大事にしろ**」ということです。あと「**女の子はちゃんと口説いておけ**」ということも言っています。こういう正面切ったメッセージをしっかり言えるのは「強さ」だとぼくは思います。それはスピルバーグの強さでもあり、『レディ・プレイヤー1』の強さでもあります。

『レディ・プレイヤー1』は、観終わった後で「自分だったら、何のキャラクターを使ってプレイするかな？」と自由に想像できるのも楽しみの一つです。と思っていたら、知人が「それだったら映画『アベンジャーズ』シリーズ（二〇一二年〜）に登場する、銀河最強の敵役サノスにする！」と言ったのには驚きましたが、本文にも書いた通りオアシス内でのアバターはどうも「ガワ」だけのようなので、サノスやDr.マンハッタン（『ウォッチメン』二〇〇九年）などを選んでもその能力が使えるというわけではなさそうです（そのあたり、よく考えるとおかしなところも結構ありますが映画ではうまくぼかしていたと思います）。昨今のVR技術の進歩は目覚ましいものがあるので、オアシスが実現する日も近いのではないかと思ってワクワクしますね。もっとも、一番うらやましいのはウェイド君が手に入れた、ゲームを文字通り「体感」できるボディスーツなんですが。

Demolition Man

何もかも規制されると、ものを考える自由すら奪われてしまう

『デモリションマン』

（一九九三年・アメリカ／原題：Demolition Man）

監督：マルコ・ブランビラ
出演：シルヴェスター・スタローン／ウェズリー・スナイプス／サンドラ・ブロック／ナイジェル・ホーソーン

あらすじ
時は二〇三二年。徹底的に浄化され、暴力や犯罪のない「無菌状態」となった未来都市で、三六年前に冷凍された凶悪な犯罪者、サイモン・フェニックス（ウェズリー・スナイプス）が蘇った。未来警察は彼を止めるため、危険な刑事ジョン・スパルタン（シルヴェスター・スタローン）を解凍する。

SFでアクションでコメディ

シルヴェスター・スタローンが主演した一九九三年の映画『デモリションマン』は、近未来を舞台にしたSFアクション映画……ではあるんですが、随所に風刺とユーモアがちりばめられた、一風変わった作品です。ディストピア的な世界を皮肉たっぷりに面白おかしく描いているところが本作の魅力です。

『デモリションマン』は、完成するまでにさまざまな紆余曲折を経ています。クレジットされている脚本家は三人ですが、ノンクレジットで脚本に関わった人も数名

いて、うち一人は『クリープス』（一九八六年）や『ドラキュリアン』（一九八七年）、『ロボコップ3』（一九九二年）の監督として一部で有名なフレッド・デッカーでした（デッカーは二〇一八年の映画『ザ・プレデター』の脚本で、久しぶりに健在ぶりを見せてくれました）。SF、アクション、風刺、コメディと、いろんな要素がごちゃ混ぜになっているのも、いろんな人のアイディアが（たとえ部分的にであっても）投入されたことと無関係ではないはずです。敵役を演じたのはウェズリー・スナイプスですが、彼に役が振られる前に、ジャッキー・チェンにその役がオファーされたりもしています。ジャッキーが悪役を演じるのに難色を示したため、「シルヴェスター・スタローン対ジャッキー・チェン」という夢のカードは実現しなかったのですが……。おそらくこれも脚本が影響していると思われますが、また、当初完成した映画が長すぎたため、スタジオは新たに編集マンを雇ってかなりの数の場面をカットさせています。最終的に公開された作品は一見、ちゃんとまとまっているように見えますが、注意して観るといささか舌っ足ら

スパルタンを演じるシルヴェスター・スタローン（右）とフェニックスを演じるウェズリー・スナイプス（左）。

ずなところがあるのに気づく方もいると思います。再編集作業は公開ぎりぎりまで行われたため、予告編やスチル写真には本編にないシーンが映っているものもあります。もちろん、そういうケースは本作に限った話ではなく、多くの映画で見られることではあるのですが。

スタローン扮するスパルタンという名前の刑事は暴れん坊で、何でもかんでもぶっ壊してしまうので「デモリションマン（ぶっ壊し屋）」と呼ばれています。彼が刑事として活躍していた元の時代は一九九六年です。ある日、凶悪な犯罪者フェニックスを追っていたスパルタンは罠にはめられて、自らの無謀な行動で大勢の人質を死なせた責任を問われてしまいます。フェニックスとスパルタンはどちらも、冷凍刑務所で冷凍睡眠の刑に処せられることになります。

ところが、それから三六年経った二〇三二年、突然フェニックスが解凍され、刑務所を脱走して暴れ始めました。なぜ自分が解放されたのか、この時点ではフェニックス自身も分かっていません。

二〇三二年のアメリカは、端的に言って「完全に殺菌された」社会になっていました。人々はみな穏やかで街は超清潔、食べ物も超健康的なものしかありません。逆に言えば、不適切だったり不潔だったりするものや人は徹底的に排除されているわけで、いわば「超ヘルシーなディストピア」が実現しています。この時代の人々は暴力はおろか、乱暴な言葉遣いにも慣れていないほどなので、過去の世界からやってきた凶悪犯罪者フェニックスに立ち向かう術を知りません。息をするように暴力をふるい、破壊の限りを尽くすフェニックスを前に、未来の警察は「優しく呼びかけて投降するよう説得を試みる」くらいのことしかできないのです（暴力犯罪が存在しない世界だからです）。困った彼らはスパルタン刑事を解凍して蘇らせます。スパルタンは、元いた時代とは正反対の「殺菌された」未来世界に目を白黒させながら、宿敵フェニックスを追うことになります。だからこの映画は一種のカルチャー・ギャップものでもあって、**観客はスパルタンの目を通して、清く正しく不気味な未来世界を垣間見ることになるのです。**

徹底的に殺菌洗浄された未来世界

スパルタンとフェニックスが「元いた時代」は一九九六年ですが、これは映画の公開年（一九九三年）よりちょっとだけ未来という設定です。一九九六年のロサンゼルスは荒廃しきっていて、町中での銃撃戦は日常茶飯事です。これは、一九九二年に発生したロサンゼルス暴動が収束せず、そのまま悪化の一途を辿った末に出現した未来、というイメージなのだと思います。スパルタンが「彼が通った後のビルは全部爆発してしまう」ほどのハチャメチャ暴力刑事なのは、そういう荒んだ時代に適応していたからです。

しかし三六年後、世界は以前とはまるで違うものになっていました。たとえば「体に悪いから」という理由で塩は禁止されています。赤身肉を食べるのも禁止です。タバコや酒やドラッグは論外。病的なまでの潔癖志向、清潔志向、健康志向がこの時代の特徴ですが、ぼくに言わせれば悪夢そのもののような世界です。「ファック」や「シット」というような四文字言葉を口にすると、言った瞬間にコンピュータから罰金のチケットがプリントアウトされてきます（そういうコンピュータは至るところにあります）。これが笑えないのは、現実に社会的信用をスコア化して個人の行動をコントロールしようとするシステムが既に中国などでは実用化されているからです。赤信号を無視した歩行者を映像から特定して、その人物の個人情報を一般に公開するという試みもなされているそうですが、そんな話を聞くと『デモリションマン』の未来がじわじわと迫ってくるような感じがして空恐ろしくなります。

ルールやマナーは目的に適っている限りにおいて有効だと思いますが（たとえば、赤信号は交通事故の危険を少なくするためにあるはずです）、それを超えて「ルールやマナーを守ること」それ自体を義務あるいは至上命題のように考えるのは間違っているとぼくは思います。そういうことを繰り返すうちに、自分の頭で考えて判断する能力が失われていくからです。罰とルールで自由意志を奪うことの非・道徳性は『時計じかけのオレンジ』（一九七一年）でも描かれていました。『デモリションマン』の超清潔な未来世界はある種のユートピアですが、ユートピアは基本的にディストピアと同じです。**誰もが従順で、お上が決めたルールを遵守する世界は権力者にとってはユートピアかもしれませんが、個人にとってはディストピアでしかありません。**

犯罪者のフェニックスは武器を調達するために博物館へと向かいます。人に危害を与える武器は、もはや博物館にしかないからです。フェニックスはガラスケースを破壊して、展示物の武器を全部奪って帰ろうとします。警察はそんなフェニックスに対して「すみません、今持ち出そうとしている武器を捨ててもらえませんか」などと言うことしかできません。フェニックスにしてみればこの世界は天国です。やりたい放題やっても、誰一人彼を止める有効な手立てを持ち合わせていないからです――蘇ったスパルタン刑事を除いて。

慣れない未来世界でスパルタン刑事のお目付け役を命じられたのは、サンドラ・ブロック演じるレニーナという刑事です（実際はレーニナと発音します）。フルネームは「レーニナ・ハクスリー」。ハクスレーはオルダス・ハクスレーという作家の名前からとられたものです。ハクスレーは『一九八四年』と並び称されるディストピア小説『すばらしい新世界』の作者としても知られていますが、この小説にはレーニナ・クラウンという女性が出てくるのです（なお「レーニナ」はロシア革命の指導者ウラジーミル・レーニンをもじった名前です）。『すばらしい新世界』は、陰鬱で暴力的な『一九八四年』とは対照的に、暴力が一掃され、科学技術がもたらす「安定」が極限まで推し進められた未来を描いたディストピア小説ですが、『デモリションマン』が『すばらしい新世界』で描かれたユートピア＝ディストピアを意識していることは明らかです。

『デモリションマン』の世界では『すばらしい新世界』と同様、セックスは禁止されています。「体液の交換」は不潔なことだとされているので、キスもできません。人々は実際にセックスする代わりにヘッドセットを装着して、バーチャルな刺激による「セックス」を行っています。

未来世界のギャグ

未来の世界にはレストランは一種類しかありません。「タコベル」です。現在タコベルは日本だと都内に数店舗を数えるのみですが、アメリカでは至るところで見かける「テックス・メックス（テキサス風メキシコ料理）」の一大ファストフード・チェーンです。タコベルがファストフード業界を制したがために、今では「タコベル」がレストランを示す一般名詞化してしまっている、というのがミソで、スパルタンは権力者から「ぜひディナーにご招待したいので、タコベルにいらしてください」と言われて困惑します。権力者は高級レストランの意味で「タコベル」と言っているのですが、スパルタンが知っているタコベルはファストフード・チェーンだったからです。

未来のトイレもスパルタンを悩ませます。トイレに入ったスパルタンは、個室にトイレットペーパーがなく、代わりに金属製の貝殻のような道具が三つ置いてあるのを目にします。「あれは一体、どうやって使うんだ？」と尋ねても「えっ、そんなことも知らないの？」と笑われるばかりで、この貝殻の使用法は映画のラストまで不明です（そういうギャグになっています）。スタローンは以前インタビューでこの「貝殻」の使用法について、「二枚を使ってウンコを引っ張り出して、もう一枚で拭くんだよ」と言っていましたが、それも冗談だと思います。きっと、思いもよらない用法があるのでしょう。

シルヴェスター・スタローンのライバル、アーノルド・シュワルツェネッガーをネタにしたギャグもありました。調べ物をするため図書館に行く必要がある、というと、相棒のレーニナ刑事が「シュワルツェネッガー大統領記念図書館がいいと思う」と言うのです。『デモリションマン』が撮影された当時のシュワルツェネッガーの政治的野心がどれほどのものだったかは分かりませんが、一九八六年にケネディ元大統領の姪と結婚し、のちに（二〇〇三年）カリフォルニア州知事に選出されたことを考えると、本作の時点で「シュワルツェネッガーが大統領になっているかもしれない未来」は「可能性」と「ジョーク」の中間地点にあったのではないかと思います。『デモリションマン』にはシュワルツェネッガーがワンカットだけ友情出演しているという噂もあります。くだんの「タコベル」にスパルタンが到着する場面で、後ろの方に映っているというのですが……似た人は確かに映っていますが、本人かどうかまではちょっと分かりませんでした。

スパルタンとフェニックスはどちらも冷凍睡眠の刑で三六年間眠っていたわけですが、その間にそれぞれ人格矯正プログラムによって、別の技術を強制的に、そして無意識のうちに身につけさせられています。一足先に目が覚めたフェニックスは、知らないうちに格闘技の能力がアップし、おまけにコンピュータをハッキングできる技術が身についていることに驚きます。これは、フェニックスを覚醒させた黒幕が、未来世界で彼が暴れるために有利な技術をインプットしていたからです。一方スパルタンの方は、なぜか編み物が好きになっている自分に気づきます。興奮すると、気分を落ち着かせるために「編み物がしたくて仕方がない！」という気持ちになってしまうのです（そして実際、やったことすらない編み物が上手になっていました）。マッチョなスタローンが編み物に夢中、というギャップが笑いを誘いますが、よく考えるとこれはかなり怖い話です。**『時計じかけのオレンジ』とも通じる、洗脳と矯正の恐怖——が、ここではギャグとして扱われているのです。**

「愚行権」の行使

一見、限りなく「清潔」に思える未来世界ですが、そういう除菌されきった生活に耐えられない人々も存在します。彼らレジスタンスは地下に独自の薄汚れた街を築き、そこでネズミ肉のハンバーガーを食べながら生きながらえています。地下組織のリーダーを演じたのは毒舌で知られるデニス・リアリーというスタンダップ・コメディアンですが、このリーダーが次のように言うシーンがあります。

「ああ、この世界じゃ俺は悪党さ。なぜなら、俺は自分の頭で考えることが好きだからだ。本を読むことも好きだからだ。俺が言論の自由を重んじ、選択の自由を信じるからだ。俺はべとべとのスプーンを手に、〝さあて、今日はTボーンステーキにしようか、それともバーベキューリブにしようか。サイドディッシュはグレイビーたっぷりのフライドポテトがいいな〟と思う人間だ。俺は高コレステロールなもんが食いたい！　俺はベーコンとバターと山盛りのチーズが食いたいんだ！　分かるか？　俺は禁煙コーナーでどでかい葉巻をくゆらせたい。体中にゼリーを塗りたくって、全裸で『プレイボーイ』を読みながら通りを突っ走りたい！　なぜかって？　突然そうしたいと思ったからだ！　分かるか？　この〝未来〟がどういうところだか教えてやろう。四七歳にもなってまだ童貞、という連中がベージュ色のパジャマを着て、バナナとブロッコリーのシェイクを飲みながら、アホなCMソングを歌っているような世界だ。地上の世界は支配者コクトーの言いなりだ。やつが望むようにするだけの人生だ。そうしたくなかったら、地下に来るがいい……その結果、地下で餓死するだけかもしれんがね」

素晴らしい名ゼリフです。「〈突然そうしたいと思ったから〉俺はやるんだ」という部分は、個人の自由の大切さを訴えるものです。「体に悪いものを食べまくって、全裸で通りを突っ走りたい！」というくだりは「愚行権」というものをオーバーに表現しています。『デモリションマン』の世界では「体に悪いものは法律で禁止」ということで塩も赤身肉も食べることを禁じられているわけですが、水だって飲みすぎたら死ぬんです。相手のことを気遣うふりをして自由を奪う、そういうシステムに対してデニス・リアリーの演じたキャラクターは真っ向からノーを突きつけています（デニス・リアリーはチェーン・スモーカーとしても知られているので、この役にはぴったりです）。

個人の自由というものは、それがたとえ他人から見て愚かしいことであっても、法律で規制されるべきではない、という力強い主張がここにはあります。と言うと、「タバコの副流煙が他人の健康を害する」とか「酔っぱらいが社会に迷惑をかけているのはどうなんだ」という反論が予想されますが、それは個々の問題（つまり副流煙とか、公共の場所での泥酔行為とか）に対応すればいいことであって、個人の選択の自由とは分けて考えるべきです。他人に迷惑をかけるのはもちろん良いことではありませんが、「迷惑」を、あるいは「親切（＝あなたの健康を気遣っている）」をお題目に、個人の自由をどんどん制限していったら、その先に待ち受けているのは『デモリションマン』のようなディストピアです。『デモリションマン』の未来では、地上に暮らす人々は疑問を抱くことすらできなくなっています。違和感を覚える方が異常だ、とみなされるような社会では、「愚行権」すら認めてもらえなくなってしまう……ユーモアでくるんではいますが、この映画はそういう恐怖を描いたまごうことなきディストピア映画です。

『デモリションマン』をざっくり一言で言うと、「**『良いことだから』と何もかも制限し規制していくと、最終的にものを考える自由すら奪われてしまう**」ということだと思います。

現実では「愚行権」が制限される状況がどんどん増えていっている気がします。健康でないこと＝本人の責任、とするような、非人間的な上に想像力をまったく欠いた暴言を政治家がするようなディストピアを我々は生きています[*]。体を壊して苦しんでいる人を「(救われるべき)いい患者」と「(自業自得の)悪い患者」に分ける、このような考え方は最悪です。誰だって、ちょっとしたきっかけで体や精神を病んだり、ドラッグやお酒にはまってしまう可能性があって、それは決して他人事ではありません。たまたま今、健康なだけの人が、今まさに苦痛と恐怖の中にいる人たちを嘲り罵ることの醜悪さは決して看過されるべきではないと強く思います。

*麻生太郎財務相の一連の発言のこと。「たらたら飲んで、食べて、何もしない人の分の金（医療費）を何で私が払うんだ」（二〇〇八年）、「政府のお金で（医療を）やってもらっていると思うと、ますます寝覚めが悪い。さっさと死ねるようにしてもらうなど、いろいろ考えないと解決しない」（二〇一三年）など。

人のことを「数字」で捉えるのは悪だ

『スノーピアサー』

（二〇一三年・韓国、アメリカ、フランス／英語題：Snowpiercer）

氷漬けの世界

わざわざ言うまでのことではないような気もしますが、「異常気象で地球が大変なことになっている」映画では、「とても暑い世界」か「とても寒い世界」が描かれるのが常です。「雨が降り続ける世界」（例：『スプリット・セカンド』一九九二年）や「霧に包まれた世界」（例：『ミスト』二〇〇七年）といった変わり種も確かに存在しますが、暴風雨や竜巻など一時的な災害を別にすれば、「暑い」か「寒い」でやるしかないに決まっています。

監督：ポン・ジュノ
出演：クリス・エヴァンス／ティルダ・スウィントン／ソン・ガンホ／コ・アソン／ジョン・ハート

あらすじ
二〇三一年、世界は凍りついていた。一七年前、地球温暖化を食い止めるために散布された冷却物質が地球全体に氷河期をもたらしたのだ。生き残った人類は、永久機関を持つ列車「スノーピアサー」に乗り込んだ人々だけだった。この列車の乗客は「前方車両の富裕層」と「最後尾の車両の貧困層」に分けられ、貧困層の人々は過酷な生活を強いられていた。

二〇一三年の映画『スノーピアサー』は、すべてが凍りついた未来世界を舞台にした作品です。温暖化を防ぐため気候をコントロールしようとしたのが裏目に出て、地球全体が氷河期になってしまったのです。猛烈な寒気にやられて、動植物は死滅してしまいました。人間もほとんど絶滅しています。しかし、いずれ地球がそうなってしまうだろう、ということを見越していたウィルフォードという天才がいました。彼は永久機関で動くエンジンを開発し、「地球全体に巡らせたレールの上を、一年かけて一周する」という壮大に狂った列車に搭載します。この列車の名前が「スノーピアサー」。「雪を貫いて走る列車」というような意味合いです。生きているものが何ひとつなくなり、都市の廃墟が純白の雪で完全に覆われた地表——そこを、人類のわずかな生き残りを乗せた列車が轟々と走り続けている、という『スノーピアサー』のビジョンは鮮烈です。

すぐに分かることは、この列車が「ノアの方舟」だということです。「ノアの方舟」というのは、ユダヤ教の神が大昔に「どうも人類は生意気だから全員殺そう」と大洪水を起こすことを決めたときに、自分がえこひいきしていたノアというおじさんの一家と、すべての動物をひとつがいずつだけ助けるために作らせた大きな舟のことです（旧約聖書に従えば、ですが、同じ話は先行するシュメール神話に既に登場しています）。SFの世界には「ノアの方舟」をモチーフにした作品が小説・映画を問わずいくつもありますが、とくに有名なものの一つはジョージ・パルが監督した『地球最後の日』（一九五一年）でしょう。この映画ではある遊星の激突により地球が木っ端微塵になってしまうのですが、選ばれた人たちが宇宙船で地球を脱出し、生存可能な惑星へとたどり着きます。「ノアの方舟」をそのまま映画化したものとしては『天地創造』（一九六六年）や、ダーレン・アロノフスキー監督の『ノア／約束の舟』（二〇一四年）が挙げられます（前者ではジョン・ヒューストンが、後者ではラッセル・クロウがそれぞれノアを演じています）。

ところで『地球最後の日』の宇宙船は別の新天地へと到達しましたが、もともとノアの方舟は移動するためのものではありません。世界中の動物と人間がぶくぶくと溺れ死ぬのを横目に、のんびり四〇日間暴風雨の中を浮かんでいただけです（これも聖書の記述による）。雨がやんで水が引くと、方舟は山の上にとまっていました――まあ、そういう神話です。『スノーピアサー』の列車は『地球最後の日』の宇宙船と異なり、目的地がありませんから、コンセプトとしてはよりノアの方舟に近いといえます。列車の外は極低温の世界なので、出たら数分で死んでしまいます。**乗客であり、生き残りの人類である人々にとって「スノーピアサー号」は世界そのものであり、文明そのものでもあります**。なお、本作の原作はフランスのグラフィック・ノベル『Le Transperceneige』（一九八二年）で、そちらの設定では「スノーピアサー」号の車両編成は全部で一〇〇一両という、とてつもなく長いものになっています。

車両で振り分けらた階層社会

「スノーピアサー号」は、先頭車両を頂点、最後尾の車両を最底辺とした階層社会になっています。前の方の特等車両に暮らす人たちは優雅で貴族的な暮らしを満喫していますが、最後尾の車両は収容所さながらの地獄世界です。貧しい人たちは乗車券を買うことが叶わなかったので、奴隷のような状態で後ろの車両に閉じ込められているのです。車両と車両の間には軍人が配置されていて、車両間の自由な移動は禁止されています――とくに、後ろの車両の人間が前の車両へと移動することは許されません。また列車内には刑務所のような車両もあり、そこには問題を起こした人々が監禁されています。

この映画が面白いのは、社会の階層のメタファーを「上下」ではなく「前後」に置き換えたところです。階層の上下をそのままビジュアル化した作品は『メトロポリス』（一九二七年）をはじめ沢山あります。上下関係が逆さまになっている作品もあります。『少年と犬』（一九七五年）や『サルート・オブ・ザ・ジャガー』（一九八九年）では、核戦争で荒廃した地上を貧困層が当て所《あど》もなくさまよう一方、富裕層は地下でぜいたくな生活を堪能していました。そんな中にあって、階層のメタファーを「前後」に置き換えた『スノーピアサー』の設定は非常にユニークです。また、ストーリーが進むにつれ、車両のドアが一つずつ開けられていって、そのたびに別の世界が広がっていくところもビジュアル的に楽しめるものになっています。

監督と脚本を手がけたポン・ジュノは『殺人の追憶』（二〇〇三年）や『グエムル／漢江の怪物』（二〇〇六年）、『母なる証明』（二〇〇九年）といった作品で知られていますが、『スノーピアサー』は彼が初めて作った英語作品です（韓国・アメリカ・フランスの合作）。『スノーピアサー』にはポン・ジュノ作品の常連ソン・ガンホも出演しています。ポン・ジュノ監督作品では、二〇一七年に発表したNetflixオリジナル作品『オクジャ／okja』も世界的に話題となりました。

搾取され殺される貧困層

『スノーピアサー』の主人公カーティス（クリス・エヴァンス）は、最後尾の貧困層車両に暮らす青年です。監督はこの貧困層車両の描写について「強制収容所をイメージして撮った」と語っていますが、環境はとてつもなく劣悪です。人々は狭苦しいところに押し込められ、薄汚れた姿で希望のない日々を送っています。彼らの食料は、日々支給される「プロテイン・ブロック」という、どす黒くてまずそうな、ブヨブヨしたこんにゃくのようなものだけです。カーティスはそんな環境に嫌気がさして反乱を起こすチャンスを狙っていますが、なかなか機会が掴めません。映画はカーティスの視点で進むので、観客は「スノーピアサー号」の全貌が最初のうちはまったく分かりません。車両の間のドアが開くのは食料が配給されるときの一瞬しかなく、そのときに見えるのも車両間に配置された軍人と、その遥か先に見えるドアだけなのです。反乱を起こしたカーティスたちが前方の車両に進むにしたがって、「スノーピアサー号」の内部にいろいろな世界があるのが分かってくる様子は、ちょっとテーマパークのライドを思わせるところがあります。次々とドアが開いて、まったく違う光景が目に飛び込んでくる感じが似ているのです——多くの映画は話が進行するにつれて新たな世界を次々と見せてくれるようになっていますが、実際に「ドアが開くこと」で別の世界に足を踏み入れていく感じがアトラクション的だということです。

前の方に進んでいくうちに、特権的な上流階級の暮らしぶりも見えてきます。全体が水槽になっていて、魚を育てている車両もあります。そこで育てた魚をふるまう高級寿司店のカウンターが設置された車両もあります。植物園になっている車両もあれば、学校もあり、プールやナイトクラブになっているところもあります。高級ホテルと見まごうような、贅を尽くした車両もあります。そういうところをずっと進んでいった先に「聖なるエンジン」を搭載した先頭車両があって、開発者のウィルフォードもそこにいます。

最後尾の車両にはときどき、前方から偉そうな人がやってきて、子供の身長を計測しては、ある特定の身長の子供だけを連れ去っていく、ということを繰り返しています。そんなことをしている理由も映画の後半で明らかになります。とてもおぞましい秘密がそこには隠されているのですが、これは伏せておきます。また、例の黒いブヨブヨこんにゃくの原料が判明する場面もあるのですが、正体を知ったら思わずゲーッとなること請け合いです。**この映画がうまくできているのは、物理的に「前の方に進む」**

ということと、主人公が人生を自分で切り開いていくさまが一致しているところにあると思います。そうやって心身両方で「前に進んで」行く中で、支配層の醜悪さが明らかになり、どうして列車がこんな階層構造になっているのかが分かり、また主人公の過去も浮かび上がってきます。こういう視覚的で分かりやすいメタファーは映画の得意とするところです。

『スノーピアサー』はバランスの良い映画だと思います。ディストピア映画として支配や圧政に対する怒りを描きつつ、激しいアクションや笑える場面もあって観る者を飽きさせません。一風変わった設定のSF映画ですが、作りはエンターテインメントの王道を行っています。

豪華俳優たちの名演

先頭車両の支配者ウィルフォードの命を受けて、貧困層が暮らす車両にしばしばやってくる「仲介者」のメイソンとい

奇天烈な演技で
強烈な印象を残す
ティルダ・スウィントン。

うおばさんがいます。彼女は貧しい人たちへの嫌悪感を隠そうともしない、威張りくさった鼻持ちならないキャラクターですが、これを演じているのはティルダ・スウィントンです。ティルダ・スウィントンはちょっと人間離れしたような、『ロード・オブ・ザ・リング』（には彼女は出ていませんが）に出てくるエルフ族を思わせる美人ですが、『スノーピアサー』では瓶底メガネに出っ歯の入れ歯をして、エクストリームに奇天烈な芝居で楽しませてくれます。彼女が次から次へと繰り出す顔芸を見ているだけでもまったく飽きません。ティルダ・スウィントンは二〇一八年のリメイク版『サスペリア』でも三役（ダンス教師、妖怪のような老婆、それに年老いた男の学者）を演じ分けていましたが、**映画を面白くするためならどんな変顔もいとわない――というかむしろ楽しんでやっている――素晴らしい女優だと思います。**『スノーピアサー』で彼女が演じたメイソンは、原作のグラフィック・ノベルでは男性だったそうですが、女性に変更して、なおかつティルダ・スウィントンをキャスティングしたのは大正解だと思います。

本作にはジョン・ハートも重要な役どころで出演しています。彼は『エレファント・マン』（一九八〇年）で主人公のエレファント・マンを演じた俳優ですが、

『1984』(一九八四年)、『Vフォー・ヴェンデッタ』(二〇〇五年)といったディストピア作品でもおなじみです。彼が演じた人物は役名を「ギリアム」といいますが、これはディストピア映画『未来世紀ブラジル』(一九八五年)の監督テリー・ギリアムからとられたものです。

ティルダ・スウィントンやジョン・ハートほどのビッグネームではありませんが、学校車両のシーンで登場するアリソン・ピルという女優についても書いておかなくてはなりません。パステルカラーの学校車両では、富裕層の子供たちが教育を受けていますが、ディストピア映画らしく、授業風景は不気味なものです。列車の中で生まれ育った小さな子供たちが、先生と一緒に「エンジン様は神様です! エンジンを作った人を崇めましょう!」という歌詞の、いわば洗脳ソングをうれしそうに歌っています。この場面で先生を演じているのがアリソン・ピルで、伴奏のオルガンを弾きながら恍惚となった彼女の目が引っくり返って、一瞬白目になるんです。この場面を初めて観たとき、ぼくはあまりの面白さに本当に感動して思わず拍手をしたくなりました。

一瞬の超・面白い表情でシーンを完全にさらっていたからです。

「スノーピアサー号」の生みの親にして、神のごとく崇拝されているウィルフォードはエド・ハリスが演じました。若い頃は『ナイトライダーズ』（一九八一年）や『クリープショー』（一九八二年）など、ジョージ・A・ロメロ監督のゾンビもの「ではない」作品に出ていたほか、『ライトスタッフ』（一九八三年）やアレックス・コックス監督の『ウォーカー』（一九八七年）、ジェームズ・キャメロン監督の『アビス』（一九八九年）、アル・パチーノ、ジャック・レモンと共演した『摩天楼を夢みて』（一九九二年）、デヴィッド・クローネンバーグ監督の『ヒストリー・オブ・バイオレンス』（二〇〇五年）などなど、さまざまなジャンルの映画を彩ってきた名優です。

誇張された、コミック的なキャラクターは『スノーピアサー』の大きな魅力です。八面六臂の活躍をみせる、全身に刺青《いれずみ》の入った男がいます。ソン・ガンホもいつものごとく大暴れしてくれます。ただ、最後尾の車両の反乱軍は話が進むうちに一人、また一人と殺されていくのでなかなか切ないものがあります。どんなに頑張ってもカネと武器を持っている連中には勝てないんじゃないか……と思ってしまうからでしょう。

本作はＴＶシリーズ化されることも決定しています。ＴＶ版は今年（二〇一九年）

アメリカのターナー・ネットワーク・テレビジョンで放映が開始される予定で、アメリカ以外ではNetflixで観られることになりそうです。ジェニファー・コネリーがメラニーという役で出演していますが、彼女は「貧困層の人々に興味を持っている、一等車両の乗客」役ということで、今から観るのが楽しみです。

この映画をざっくり一言でまとめると、**「人間のことを数字に換算するのは悪だ」**という話だと思います。この「数字」が何を意味するのかは、映画をご覧になって確かめてください。それと、最後にもう一度書きますが、**ティルダ・スウィントンの変顔芸を見るだけでも絶対に損はしませんよ！**

一九七〇年代には悲観的な未来予測として「再び氷河期が訪れ、世界が凍りつく」というようなものが散見されました（ぼくが読んでいた子供向けの『もしもの世界』というような本の中だけかもしれませんが）。その後、温室効果ガスの影響が分かってくるにつれ、現在では地球温暖化対策が喫緊の課題となっているわけですが、二〇一九年一月、ドナルド・トランプ米大統領は「中西部は記録的な寒さだ。地球温暖化くんはどこに行ってしまったのかな？」とツイート。これに対しコメディアンのノエル・キャスラーは次のように返事をしました。「トランプにも分かるように地球温暖化を説明しよう。ロシア人の売春婦がおしっこをかけてくれるとするだろ？　あんたが顔に浴びたおしっこは暖かく感じるかもしれんが、ベッドは濡れてすぐに冷たくなっちまう。分かりましたか？」。トランプの「モスクワ売春婦おしっこ疑惑」が地球温暖化の説明に使えるとは、本当に驚きです。

人を人とも思わない金持ちは
ゾンビより最悪だ!

『ランド・オブ・ザ・デッド』

(二〇〇五年・アメリカ、フランス、カナダ/原題:Land of the Dead)

監督:ジョージ・A・ロメロ
出演:サイモン・ベイカー/ジョン・レグイザモ/デニス・ホッパー/ユージン・クラーク

あらすじ
ゾンビが蔓延した近未来の世界。富裕層の人々は超高層ビルで安泰に暮らし、貧しい人々はスラム街で過酷な暮らしを余儀なくされていた。富裕層に生活物資を届けるため、傭兵部隊は毎晩のようにゾンビを虐殺している。しかし、殺されるだけだったはずのゾンビたちは徐々に知恵をつけ、人間たちへの反撃を始めるのだった。

『ランド・オブ・ザ・デッド』の問題意識

世の中はおそろしく不公平にできています。新自由主義経済が推し進められた結果、その不公平さは想像を絶するレベルに達しています。データによれば[*1]、アメリカの上位一パーセントの富裕層が持つ資産は下位九〇パーセントが持つ資産の総量より多く、大企業のCEOの収入は、その会社に務める社員の数百倍にもなります[*2]。この差は一九七〇年代には二〇倍から三〇倍弱ほどだったそうで、五〇年ほどの間に大会社の取締役の相対的な収入は十倍以上になったわけです。CBSのCEOは社員の約三九五倍の収入を得ています。ディズニーでは約三六七倍です。ウォルト・ディズニー社は職種が多岐にわたるので給料の多寡の差は大きいのですが、中央値は七万千四百ドル。一ドル一一〇円として、およそ七八五万円です。一方、会長で

CEOのロバート・アレン・アイガーの年収は二千六百万ドルほどで、これは一ドル一一〇円で換算すると二八億円以上になります。

「資本主義は弱肉強食、血で血を洗うシビアな世界であり、そこで勝った者だけがとてつもない資産を築くことができるのだ」と言う人もいるでしょう。そうやって「勝ち得た」地位から得られる収入で贅沢をすることだって、本人の勝手かもしれません。しかし「人生の〈勝敗〉はすべて本人の努力次第で、誰にでもチャンスは平等に与えられている」いうのは、本当にそうなのだろうか？　その「競争」のスタート地点は本当に同じだったのか？　という疑念は強く感じます。何でもかんでも「自己責任」という考え方には、どこか胡散臭さがつきまとっています。ぼくは経済学に疎いので立ち入ったことは言えませんが、天文学的な資産を持っている人がいる一方で、餓死する人が後を絶たない状況は明らかに何かがおかしいと思うわけです。「それが現実なんだから、仕方ない」という反論に対しては、だったらその「現実」とやらが異常なのではないだろうか、と言いたい。**「現実」を前に無力感がないとは言いませんが、それでも「そうなってるんだから、仕方がない」というわけにはいかない、という気持ちがあります。**

［＊1］アメリカの貧困と格差の凄まじさがわかる三〇のデータ（SOCIUS101）
http://socius101.com/poverty-and-inequality-of-the-us/
［＊2］CEO Pay: How Much Do CEOs Make Compared to Their Employees?（PayScale）
https://www.payscale.com/data-packages/CEO-pay/full-list

二〇〇五年のゾンビ映画『ランド・オブ・ザ・デッド』は、度を越した格差社会と、その不平等に対して「ファック・ユー！」と中指を突き立てたゾンビ映画です。監督はおなじみジョージ・A・ロメロ、『ナイト・オブ・ザ・リビングデッド』（一九六八年）で「モダン・ゾンビ」の概念を確立した、ゾンビ映画の父とも言える人です。「モダン・ゾンビ」は、死んだ人間が何らかの理由で蘇って人肉を食らうようになり、食われた人もまたゾンビとなってしまう、というゾンビ像のことです（「何らかの理由」のうちに「呪い」は入りません。呪いで死者を蘇らせていたのは「モダン・ゾンビ」以前の、ヴードゥー教ゾンビの世界においてです）。

よく知られているように、ロメロ監督は自分のゾンビ映画を通じて、そのときどきの社会問題を戯画化してきました。とくにそれが際立っていたのはロメロの「ゾンビ三部作」二作目の『ゾンビ』（一九七八年）で、巨大スーパーマーケットを舞台にしたこの作品では、大量消費社会における消費者の姿がそのままゾンビに重ね合わされていました（『ゾンビ』は前著『高橋ヨシキのシネマストリップ』に収録しています）。

ロメロの「ゾンビ三部作」の原題は一作目が『Night of the Living Dead（ゾンビの夜）』、二作目『ゾンビ』は『Dawn of the Dead（ゾンビの夜明け）』、三作目の『死霊のえじき』（一九八五年）は『Day of the Dead（ゾンビの日）』といいます。三作品を通して「ゾンビの世界」の「夜」が明けて、ついには「ゾンビの日」すなわちゾンビの「時代」が到来したというわけです。人間はその間にどんどん追いやられて、住む場所を失っていきました。

脚本段階で『ランド・オブ・ザ・デッド』にはいくつかの題名の候補がありました。その一つは『Twilight of The Dead（ゾンビの黄昏）』といいます。「ゾンビの時代が到来したものの、それもやがて終焉に向かうのではないか」と予感させるタイトルです。これは理屈としても分かります。もし人類すべてがゾンビ化してしまったら、それ以上ゾンビが増えることはあり得ません（ゾンビはセックスしないからです。まあ、ゾンビがセックスする映画も世の中にはあるのですが)。歩く死体の群れは、それほど経たないうちに腐って動けなくなり、朽ち果ててしまうでしょう。ゾンビ人口の供給源は他ならぬ、生きている人間しかないからです。しかし最終的に題名は『ランド・オブ・ザ・デッド』となり、ゾンビ時代の終焉が描かれることはなくなりました。だから『ランド・オブ・ザ・デッド』は、同じ「ゾンビ事態《シチユエーシヨン》」の中にありつつも、「ゾンビ三部作」の直接の続編ということではありません(そう考えても別に齟齬をきたすわけではありませんが)。

『ランド・オブ・ザ・デッド』はロメロ監督初の「メジャー作品(ユニヴァーサル映画)としてのゾンビ映画」です。メジャー作品ということで苦労も絶えず、劇場公開に際しては残酷シーンをカットしたりしています。そういう環境を窮屈に感じたロメロは本作のあと再びインディペンデントに戻って、『ダイアリー・オブ・ザ・デッド』(二〇〇七年)、『サバイバル・オブ・ザ・デッド』(二〇〇九年)という新たなゾンビ映画を作っています。

ゾンビは我々自身だ

ぼくが思うに『ランド・オブ・ザ・デッド』は、世界で最もゾンビに寄り添った作品です。今はゾンビをモチーフにした映画やテレビ番組が百花繚乱状態で、中にはゾンビと恋愛するものや、ゾンビと親友になる映画、ゾンビを家族として受け入れる作品などもあります。しかし、その中にあってなお『ランド・オブ・ザ・デッド』がゾンビに注ぐ視線の優しさと共感は群を抜いています。

舞台となるのは大きな河の中洲のような島です。その中央には超高級タワーマンションがそびえ立っています。マンションの中にはレストランやブティックもあり、金持ちの白人が優雅な暮らしを送っています。ただ、優雅なのはタワーマンションの中だけで、外にはスラム街のような区域が広がっており、貧しい人たちが食うや食わずの生活を強いられています。面白いのは、そんな状況になってなお貨幣経済が一応成り立っているところです。マンションがある島は河の流れによって岸と隔てられているため、向こう側にウヨウヨいるゾンビが侵入してくることはありません。しかし生活必需品や食料は、岸の向こうの廃墟と化した街から回収してくる必要があります。そこでタワーマンションに住む支配階級の白人たちは、スラムに住む貧乏な人たちにお金を渡して、危険な物資回収任務に当たらせています。

階級社会を戯画化した本作には、三つの階層が存在します。「白人の富裕層」、「スラムに住む貧困層」そして「ゾンビ層」です。ちょっとギャグのように聞こえてしまうかもしれませんが、この映画のゾンビは明らかに「最下層の人々」として描かれています。そして、人間から耐え難い仕打ちを受けていたゾンビの一人が、ある日「これはおかしい」と目覚めてしまうのです。

主人公ライリー（サイモン・ベイカー）や、その部下のチョロ（ジョン・レグイザモ）は、夜な夜な装甲車で街に行き、物資を回収してくるのが仕事の傭兵部隊です。彼らは目についたゾンビを端からマシンガンで撃って殺していきます。ゾンビは突っ立っている

ユージン・クラークが演じるゾンビ「ビッグ・ダディ」

だけで撃たれるがままですが、それには理由があります。装甲車には花火打ち上げ装置が取り付けられていて、ゾンビ密集地帯に来たときには必ず花火を打ち上げることになっています。そうすると、悲しいかな、空に輝く花火の光と音につられて彼らはそっちを注視してしまうんですね。そこを傭兵部隊がいとも簡単に撃ち殺す……そういう日々が続いています。しかしある晩、元ガソリンスタンド店員と思しき、立派な体格の黒人のゾンビ「ビッグ・ダディ」（ユージン・クラーク）が、「みんな、花火に見とれているからやられてしまうんだ！」と気づいてしまいます。彼はゾンビなので言葉はしゃべれないのですが、悲痛な唸り声をあげ、身振り手振りで仲間のゾンビにそのことを知らせようとします……そして、ビッグ・ダディの思いは周りのゾンビたちに伝わるのです。

この場面が感動的なのは、いいように虐殺され、踏みつけにされてきたゾンビたちが、状況をちゃんと理解するほどの脳力がないにもかかわらず、それでも立ち上がるからです。**いくらなんでも、こんなことはおかしいんだ！　ということにゾンビでさえ気づいてしまう。これはロメロが観客に放った真摯なメッセージだとぼくは思います。**いじめられ、押し込められ、殺されるがままの状態に対して「それが現実なんだから、仕方ない」などと言っている場合か！　限度を超えた非道に対して、ゾンビだって立ち上がることができるんだぞ！　と、ロメロが鼓舞してくれていると思うのです。観ていて思わずゾンビに向かって「頑張れ！　頑張ってくれ！」と叫びたくなります。そういう気持ちをここまで盛り上げてくれるゾンビ映画は他にないと思います。**ビッグ・ダディと仲間のゾンビたちは我々自身なのです。**

知恵をつけて成長するゾンビ

ビッグ・ダディにはある程度の知能があります。このように知恵があって、道具を使うゾンビが登場したのは本作が初めてではありません。実は『ナイト・オブ・ザ・リビングデッド』公開の時点で、既に石や棒きれなど、道具を使うゾンビの姿がありました。次の『ゾンビ』では、ゾンビが銃を手にします……が、持ってみただけで撃つことはできませんでした。続く『死霊のえじき』に登場した元・軍人のゾンビは銃を撃ちます。バブという名前のこのゾンビには育ての親のような博士がいて（ゾンビに育ての親がいる、というのもおかしいですが）、その人がバブを使って「ゾンビがどれだけ生前の記憶を持っているか、またその記憶を活かした行動がとれるか」という実験をしていたからです。『ランド・オブ・ザ・デッド』のビッグ・ダディもきっと、生前に軍隊経験があったのでしょう。ビッグ・ダディは周りのゾンビが殺されていくときに、怒りのあまり手に力が入って、たまたま持っていた銃を発射してしまうのですが、そこで銃が撃てるものだということを思い出します。

ロメロ監督は「モダン・ゾンビ」のオリジネイターなので、ゾンビの見せ方のアイディアが実に豊富です。ご本人も生前「ゾンビ映画のアイディアなら、まだいくらでもある」と言っていました。二〇一七年の七月に惜しくも亡くなられてしまったので、そのアイディアの実現を見ることはできなくなってしまいましたが……。

『ランド・オブ・ザ・デッド』でびっくりしたのは、首から上がないゾンビが襲ってくる場面です。モダン・ゾンビは、脳の奥にある大脳基底核の作用によって活動しています（と、『死霊のえじき』で言っていました）。だからゾンビは脳、あるいは頭部を破壊することでやっつけることができます。それなのに、頭のないゾンビが走ってきたので驚いたら……実は、脊髄で繋がった頭部が背中側にぶら下がっていました。体をガックンとさせると、その脊髄で繋がった頭部がびょーんと前の方に現れて犠牲者に噛み付くのですが、素晴らしいアイディアだと思います。脳といえば『ダイアリー・オブ・ザ・デッド』では、ゾンビの頭に強酸がかかってしまう場面もありました。酸を浴びた頭部はどんどん溶けていきます。でもゾンビはなかなか動くのをやめません。観ているこちらが「どこまで溶けたらゾンビは機能停止するのかな?」と、なんだか実験を見ている気持ちになってしまうのも面白かったです。ゾンビ映画に残酷描写はつきものですが、**ロメロ監督は残酷シーンにもこうやって工夫を凝らしているので、驚いたり呆れたりしながらも楽しく見ることができます**。そういう「工夫」に注目してもらえれば、残酷な表現が苦手な人でも『ランド・オブ・ザ・デッド』を楽しめるのではないかと思います。

ゲーテッド・コミュニティ

この映画のタワーマンションは現実の「ゲーテッド・コミュニティ」の写し絵です。ゲーテッド・コミュニティというのは、周りを塀で囲い、守衛のいる門(ゲート)をくぐらない限り外部の人間が入り込めないようにした住宅地のことで、富裕層が住む超高級住宅地はたいていゲーテッド・コミュニティです。金持ちだけが安心して暮らせる、外界を隔絶したコミュニティというわけです。ぼくは以前、ロサンゼルスにあるゲーテッド・コミュニティ「ベル・エア・クレスト」に入れてもらったことがありますが（『サウスパーク』クリエイターのトレイ・パーカーが当時そこに住んでいたからです）、厳重なゲートをくぐって中に入ると、そこは豊かな自然に囲まれて豪華な邸宅が立ち並ぶ、ちょっと信じられないような世界でした（道路の横の森を鹿が跳ね回っていたりするんです）。どの家も車回しがついていたり、あるいは家の門から玄関まで車で何分もかかるような、とんでもない超リッチなものばかりだったので、ぼくはすっかり圧倒されてしまい「うへえ、こんなところにはどんな人が暮らしているんだろうか」と思ったことを覚えています。最近公開された『アンダー・ザ・シルバーレイク』（二〇一八年）の監督デヴィッド・ロバート・ミッチェルは、この映画を撮ったきっかけについて「丘の上の方に見える、超金持ちの邸宅では日々どんなことが行われているんだろう？」と思ったことがきっかけだと語っていますが、その気持ちも分かります。本当に浮き世離れした、金持ちだけの異常なパラダイスがゲートの内側にはあるからです。

『ランド・オブ・ザ・デッド』では最終的に、河を渡ったゾンビたちがゲートをぶち壊して金持ちの楽園へとなだれ込みます。金持ち白人のパラダイスは一瞬にして地獄と化してしまいます。そんな中、傭兵部隊のチョロがゾンビになって戻ってきます。

チョロは傭兵をやって貯めたお金で、いつかはタワーマンション住人の仲間入りすることを夢見ていたのですが、その夢はあっけなく潰されます。貧乏人がいくら頑張っても、パラダイスへの道はあらかじめ閉ざされていたのです。それを知って彼は反乱を企てますが、そうこうしているうちにゾンビに噛まれてしまいます。しかしチョロの執念はゾンビになっても消えたわけではありませんでした。タワーマンションの支配者（デニス・ホッパー）が、ありったけの金を高級車に詰め込んで街を脱出しようとしているところに、ゾンビと化したチョロが立ちふさがりました。**『ランド・オブ・ザ・デッド』が、どこまでも「持たざる者」の視点で作られた映画だということは明白です。この映画は血まみれのゾンビ映画でありつつ、社会正義とは何か、ということについてまっすぐ観客の目を見据えたまま、突きつけてくる作品なのです。**

『ランド・オブ・ザ・デッド』をざっくり一言で言うと「**人を人とも思わない金持ちは、ゾンビより最悪だ！**」ということではないでしょうか。

論文『Zombies of the world, unite : Class struggle and alienation in land of the dead（万国のゾンビよ団結せよ／『ランド・オブ・ザ・デッド』にみる階級闘争と疎外）』（「The Philosophy of Horror」収録。University Press of Kentucky 刊）でジョン・ルッツは「花火を使ってゾンビの注意を逸らす作戦は、米軍の『Shock and Awe（衝撃と畏怖）作戦』」ではないか、と類似点を指摘しています。「Shock and Awe 作戦」とは「スピーディかつ大量の攻撃を加えることで、敵の戦意を喪失させる心理的効果を狙ったもの」とされ、二〇〇三年に開始されたバグダッドへの空爆でその名を知られるようになりました。夜空で大型の花火が次々と炸裂する『ランド・オブ・ザ・デッド』の映像は、語弊を恐れずに言えば、確かにバグダッド空爆を彷彿とさせるものでもありました。

一番の敵は雇い主たる企業だ

『エイリアン』

（一九七九年・アメリカ／原題：Alien）

監督：リドリー・スコット
出演：トム・スケリット／シガニー・ウィーバー／ヴェロニカ・カートライト／ハリー・ディーン・スタントン／ジョン・ハート

あらすじ
宇宙船ノストロモ号は、七人の乗組員を乗せ地球へと帰還途にあった。ところが、とある惑星から謎の信号をキャッチしたため進路が変更され、乗組員は調査に向かうことを余儀なくされる。惑星に降り立った乗組員は古代の異星人のものと思われる巨大な宇宙船の遺跡を発見するが、内部にあった卵から飛び出した寄生生物が一人の顔に張り付いてしまう……。

リドリー・スコット監督と『エイリアン』

一九七九年の映画『エイリアン』は、『スター・ウォーズ』（一九七七年）とはまた違った形でSF映画、モンスター映画の世界に非常に大きなインパクトをもたらした、文字通りエポック・メイキングな作品です。「エイリアン」というのは、通常「外国人（もしくは「自国内にいる外国人」）」という意味です。なので、不法滞在をしている外国人のことを「イリーガル・エイリアン」と言ったりするわけですが、ここではそれを「宇宙人」あるいは「異星生物」という意味で使っています。映画の影響でそれまであまり知られていなかった単語が一般的になったり、あるいは意味合いが変わってしまうことはたまにあって、たとえば「エクソシスト（悪魔祓い師）」という言葉は映画の『エクソシスト』（一九七三年）が大ヒットしたことで一気に人口に膾炙《かいしゃ》しました。『エクソシスト』は原作もベストセラーになりましたが、原作を読んでいない人も映画の大ヒットによって「エクソシスト」という言葉の意味を知るようになりました。「エイリアン」は「エクソシスト」よりずっと一般的な名詞ですが、この映画が公開されて以降、「外国人」のイメージと同じかそれ以上に「宇宙怪物」のイメージと強く結び付けられるようになりました。

監督のリドリー・スコットは『ブレードランナー』(一九八二年)の監督としても有名です。彼はビジュアルに徹底的にこだわることで知られていますが、**『エイリアン』と『ブレードランナー』は、どちらもその後の「宇宙ものSF」と「地上ものSF」の「ルック」に決定的な影響を与えた作品となりました。**

『エイリアン』はリドリー・スコットにとって二作目の長編映画です。スコットはもともとイギリスでコマーシャル監督として腕を振るっていた人で、代表作にはイギリスのパン会社「Hovis」のCM(一九七三年)や、シャネルの香水「No.5」のCM(一九七九年)などがあります。ジョージ・オーウェルの小説『一九八四年』をモチーフにしたマッキントッシュ・コンピュータ(アップル)のCMも大層有名ですが、これは一九八三年の大晦日に初めて放映されたので、作られたのは『エイリアン』や『ブレードランナー』の後ということになります。彼が初めて手がけた映画は一九七七年の『デュエリスト／決闘者』で、この映画はその年のカンヌ国際映画祭で新人監督賞を受賞しました。『エイリアン』の監督オファーがあったのも、『デュエリスト』の高評価があってのことです。

大ヒットした『エイリアン』はシリーズ化され、『エイリアン2』（一九八六年）、『エイリアン3』（一九九二年）、『エイリアン4』（一九九七年）と三本の続編が作られましたが、リドリー・スコットは続編にはほとんど関わっていません。しかし二〇一二年、『エイリアン』のプリクエル（前日譚）として公開された『プロメテウス』で彼は『エイリアン』の世界に戻ってきます。二〇一七年には現時点でのシリーズ最新作『エイリアン：コヴェナント』が公開されましたが、これもスコットが監督を努めています。もうご高齢のスコット監督ですが（二〇一九年三月現在八一歳）、『プロメテウス』に始まる新たな『エイリアン』シリーズには意欲的で、さらに続編を作る計画もあるそうです。まさか、ここにきて一九七九年の自作『エイリアン』の世界を拡張することが彼のライフワークになるとは、思ってもみなかったので驚きました。

セックスにまつわる恐怖

『エイリアン』のあらすじは皆さんご存知かもしれませんが、簡単に説明します。物語の主な舞台となるのは宇宙船ノストロモ号です。この宇宙船は巨大なコンビナートのようなものを牽引して、地球に向かって航行しているところです。おそらく鉱物などを運搬しているのでしょう。乗組員は冷凍睡眠で眠っています。ところが、ノストロモ号を制御しているコンピュータ「マザー」が謎の信号を受信したため、船はいったん進路を変更して発信元の惑星へと向かうことになります。その惑星に上陸してみると、宇宙人のものと思われる太古の巨大な宇宙船の遺跡がありました。中には人間よりずっと大きな体をした宇宙人の白骨化した化石のようなものもあります。その遺跡の深いところに、ヘンテコな卵のようなものが並んだ空間があるのですが、そこを調べている途中、卵の一個が孵化して、中から飛び出してきた変な生き物「フェイスハガー」(顔に抱きつくもの、の意)が乗組員の顔に張り付いてしまいます。

これは大変だ、ということで宇宙船に戻った彼らは、なんとかしてこの生き物を顔から剥がそうとするのですが、うまくいきません。細長い、人間の指のような脚ががっしりと顔を掴んでいる上、長い尻尾が首に巻き付いてしまっているのです。「指」

を切って外そうとしたら、強酸性の血が流れ出して、宇宙船の床を溶かしてしまったりします。頭を抱えていると、そのうちこの生き物は勝手に外れて、どうやら死んでしまったようでした。そこで「大変なことがあったけど、無事でよかった」と喜んでいたら、さっきまで顔に生き物が張り付いていた隊員が急に苦しみ始めます。一体何が……と思う間もなく、彼の胸を突き破って、別の形態の生き物「チェストバスター」（胸を突き破るもの、の意）が飛び出したかと思うと、どこかに走り去ってしまいました。顔に張り付いていた生き物が、人間の体内に子供を産み付けていたのです。みんながパニックを起こす中、逃げ去った生き物は脱皮をしてどんどん大きくなり、乗組員を一人、また一人と殺していくのでした。

『エイリアン』一作目は「セックスにまつわる恐怖」を描いた作品です。卵から飛び出した「フェイスハガー」は、先に書いたように人間の手を二つ合わせた

正体不明の宇宙船の中には、人類よりはるかに大きい宇宙人の白骨死体があった。

ような形をしているのですが、その裏側は女性器そっくりの形状をしています。その女性器の中央から伸び出たペニスのようなものが人間の喉の奥に侵入していって、体内に胎児を産み付けるのです。一方、胸から飛び出してくる「チェストバスター」は男性器のような形をしています。さらに、脱皮を繰り返して成長した生き物「エイリアン」は、非常にすらっとした女性的なフォルムでありつつ、巨大な男性器のような頭をしています。一作目では「エイリアン」自体の姿形はそこまではっきりと分からないように撮られているのですが、それでも「エイリアン」が濃厚にエロチックな形をしていることは印象としてしっかり伝わってきます。

最初に「フェイスハガー」に襲われる隊員が男性であるところは重要です。**彼は「フェイスハガー」によって象徴的に「レイプ」され、体内に胎児を「産み付けられて」しまいます。そして血なまぐさい「出産」を経て「チェストバスター」を産み落とすことになるわけですが、ここには性役割の転倒と、それに対する恐怖があります。**「エイリアン」は男性器と女性器、両方の特徴を各段階で備えているので（「チェストバスター」はその限りではありませんが）、「エイリアン」と被害者の関係をすべて男女間のセックス・モ（の隠喩）に置き換えることはできませんが、「エイリアン」が悪夢的なセックス・モンスターであることは明らかです。

「エイリアン」のデザインを手がけたのはH・R・ギーガーという、一風変わったスイスのアーティストです（なお、フェイスハガーやチェストバスターのデザインには、ギーガー以外のスタッフも大きく貢献しているのですが、「エイリアン」のテイストを決定づけたのはやはりギーガーによるデザインです）。ギーガーは自ら「バイオメカノイド」と名付けた、人間の体と機械が融合したような、不気味でセクシャルな作品で知られています。監督のリドリー・スコットはギーガーの「エイリアン」について「悪夢から飛び出してきたようだ」と言っていますが、『エイリアン』の異星人や異星の景観、遺跡などのデザインは、そんなギーガーの持ち味が遺憾なく発揮されたものとなっています。ギーガーのデザインはあまりにも独創的で、なおかつカッコよかったため、その後、数えきれないほどのSF映画やモンスター映画が彼のデザインをパクっています（が、どれも本家の持つインパクトには敵いませんでした）。

スニーカーを履いた宇宙飛行士

ノストロモ号の乗組員は、みな普通のワーキングジャケットやTシャツを着て、スニーカーを履いています。未来の宇宙船の乗組員にもかかわらず、彼らはまるでトラックの運転手か工場労働者のように見えます。『エイリアン』以前にも、それなりにカジュアルな姿の宇宙飛行士が登場した作品はありました。『サイレント・ランニング』（一九七二年）や『ダーク・スター』（一九七四年）などがそうです。『ダーク・スター』は『エイリアン』の脚本を手がけたダン・オバノンが脚本・出演・特殊効果・編集を務めたインディペンデントSF映画で（監督はジョン・カーペンター）、今では「カルト映画」の一つに数えられています。だから『エイリアン』の「スニーカーを履いた宇宙飛行士」は『ダーク・スター』を引き継いでいる、と考えることもできますが、『エイリアン』の衣装はよりラフで「地に足の着いた」ものとなっています。

『エイリアン』以前のSF映画には、ここまでラフで普段着のような格好の宇宙飛行士は登場しませんでした。「宇宙飛行士」という職業が特殊なものだと考えられていた、ということもあるだろうし、また遥か未来を描いた作品に、日常で目にするような服装が登場することへの違和感もあったと思います。それはそれで考え方としてはまったく正しいとぼくは思います。しかし『エイリアン』はそういう考え方を採用する代わりに、アメリカのロードハウスで昼からビールを飲んでいるトラック・ドライバーのような宇宙飛行士を登場させたのです。『エイリアン』の登場人物がやっている仕事が、言ってみれば宇宙の長距離トラックの運転手のようなものだからでしょう。

『エイリアン』は、「惑星間を航行して鉱物を運ぶ」という任務が、エリート・パイロットではなくブルーカラーの労働者の仕事となった未来像を提示しているわけです。

服装だけでなく、ノストロモ号の内部も工場を思わせる、不思議な空間になっています。鋼鉄のシャフトやパイプが絡み合い、高い天井からは滑車のついた長いチェーンが何十本も垂れ下がり、あちこちから噴き出す蒸気が水滴となって降り注いでいる……ブルーカラーの乗組員たちと、ノストロモ号の作業環境はぴったりマッチしています。そういう環境で機械油にまみれて作業をする乗組員が、いかにも未来っぽいメタリックの衣装というわけにはいきませんよね。『スター・ウォーズ』は「薄汚れた未来」という（実際は『スター・ウォーズ』は「遥か昔」の話ですが）ビジュアルで世界をあっと言わせましたが、『エイリアン』はその感覚を現実の自動車整備工場レベルにまで推し進めたのです。

『デューン』から『エイリアン』へ

『エイリアン』は、というかリドリー・スコットはフランスのＳＦアートやコミックから多大な影響を受けています。当時、ビジュアルＳＦの世界ではフランスのコミック雑誌『メタル・ユルラン』が先進的なＳＦイメージで時代を牽引していました（『メタル・ユルラン』はアメリカでは『ヘビー・メタル』として刊行されることになります）。

先述したように『エイリアン』の脚本を手がけたのはダン・オバノンで、彼は『エイリアン』の元となるアイディアを『ダーク・スター』の直後から温めていました。ところがオバノンはチリ出身の映画監督アレハンドロ・ホドロフスキーに呼ばれてパリへ行くことになってしまいました。ホドロフスキーは当時フランク・ハーバートのＳＦ小説『デューン／砂の惑星』を映画化しようとしており、その特撮をオバノンに依頼したのです。これは壮大な企画で、もし完成していたら映画の歴史が変わっていたかもしれない、とまで言われるほどですが、準備に数年を費やし、とてつもないスタッフやキャストを集めたにもかかわらず、ついぞ日の目を見ることはありませんでした。このあたりの経緯についてはドキュメンタリー映画『ホドロフスキーのＤＵＮＥ』（二〇一三年）を観るとよく分かります。

『エイリアン』は、この企画倒れに終わった幻の超大作『デューン』に多くを負っている作品です。『エイリアン』に関わった多くのアーティストは、もともと『デューン』のためにホドロフスキーが集めた人々でした。『エイリアン』の宇宙服のデザインを手がけたメビウスも、H・R・ギーガーも、宇宙船のデザインに（初期段階で）関わったクリス・フォスも、皆『デューン』組です。『エイリアン』が製作されることになったとき、ダン・オバノンは『デューン』を通じて知り合った彼らアーティストをリドリー・スコットに推薦したのでしょう。ことの前後関係にやや不明な点もありますが、いずれにせよ**『エイリアン』をビジュアル面で支えたのが、ホドロフスキーの『デューン』に深く関わっていた才人たちであることは事実です。**ただ、もちろん『エイリアン』のアート部門が皆『デューン』組、というわけでもなくて、たとえばノストロモ号の外観や内部を手がけたロン・コブというデザイナーは、『ダーク・スター』に参加した後、『スター・ウォーズ』のクリーチャー・デザインの一部を担当、それから『エイリアン』という道を辿っています。ロン・コブは合理的なデザインを得意とするデザイナーで、たとえばノストロモ号の船内には至るところにアイコン的なピクトグラム（「非常口」のような視覚サイン）があって、そのアイコンによって扉の機能や器具の用途などが分かるようになっているのですが、こういうディテールもロン・コブのアイディアです。ただロン・コブは監督が要求した「見たこともないような」モンスター・デザインには向いていなかったようで、リドリー・スコットはのちに「ロン・コブの描いたモンスターは動物園から出てきたように見えた」と言っています。宇宙船のデザインを合理性のロン・コブが担当し、モンスターのデザインをギーガーが担当したのは、そういう意味で適材適所でした。

ノストロモ号は鉱石運搬船ですが、航行中に精製作業も行うのでしょう、後ろに巨大なコンビナートのような構造物を牽引しています。このコンビナート部分は、リドリー・スコットの指示で、遠目にはドラキュラの城のように見えるようになっています。『エイリアン』は宇宙を舞台にしたＳＦホラーですが、意識的にそういうゴシック・ホラーの要素も取り込んでいるわけです。考えてみればドラキュラも大変にセクシャルな怪物ですから、そこに関連性を見出していたのかもしれません。

男性原理と女性原理の相克

『エイリアン』の主人公エレン・リプリー（シガニー・ウィーバー）は女性ですが、脚本の段階では性別が指定されていませんでした。監督が「主人公は女性にするぞ」と言ったとき、ダン・オバノンは「確かに主人公の性別は書いていなかったけど、まさか女性にするとは思わなかった」と驚いたそうです。

ホラー映画の世界では、「女の人が最後まで生き残って怪物と対決する」というパターンがよくあります。最近はそういう定型を「ファイナル・ガール」と言ったりもしますが、**『エイリアン』は「ファイナル・ガール」ものの決定版でもあります。**興味深いのは、一九七九年の映画にもかかわらず「ベクデル・テスト」を完全にクリアしているところです。「ベクデル・テスト」は映画において女性がちゃんと（添え物、あるいは性的な対象としてだけでなく）描かれているかを判別する簡単なテストで、「最低でも二人の女性が登場するかどうか」「その女性同士の間に会話があるかどうか」「その会話の中に、男性について以外の話題が出てくるかどうか」が問われます。シンプルなやり方で作品のジェンダーバイアス（ここでは性的偏見、の意）を測ることのできるテストですが、『エイリアン』は三項目すべてをパスしています。脚本執筆時点で男性を想定していた主人公を女性にしたことで、そのような結果が生まれたのかもしれませんが、映画製作者の人たちも『エイリアン』にならって、主人公の性別を反対にしてみる……という試みをもっとやってみる価値はありそうです。

主人公を女性にしたことで『エイリアン』が得たものは沢山あると思います。荒くれ者の乗組員たちが次々と「セックスの怪物」に殺されていく中、主人公リプリーが生き延びることができたのはなぜなのか？　ということについて、男性原理と女性原理を軸に考えることが可能になった、ということは確実にあるでしょう。『エイリアン』にはアッシュという悪役が登場しますが（彼は密かにエイリアン捕獲を会社から命じられていたアンドロイドでした）、アッシュとリプリーが戦う場面の意味合いも彼女が女性であることで変化してきます。

ノストロモ号を統括するコンピュータは「マザー」という名前で女性の声でしゃべるのですが、リプリーが女性であることで「マザー」との関係性も複雑化します。ちなみにぼくが『エイリアン』で一番好きなところの一つは、「マザー」がまったくリプリーを救ってくれないどころか、一番融通を利かせてほしいときに一切それに応えてくれないという場面——具体的には、船の自爆を止めるための手順が複雑で、ギリギリで間に合ったかと思ったら「ブー、それでは自爆のカウントダウンを始めます」

と言うところです——で、ここにきて「マザー」は男性原理的ともいえる硬直性を発揮してリプリーを絶望のどん底に叩き込むわけです。「必死に頑張ればなんとかなる」という映画のお約束、あるいは我々観客自身の期待と言ってもいいですが、それが完膚《かんぷ》なきまでに叩き潰される、素晴らしい場面だと思います。初めて『エイリアン』を観たとき、この場面で「そんな、あんまりじゃないか！」と叫びたい気持ちに駆られたことを今でもはっきりと覚えています。

俳優による演技の力

『エイリアン』の登場人物は七人しかいませんが、皆それぞれに魅力的で、そのおかげで非常に説得力のある作品になっています。リプリーを演じたシガニー・ウィーバーはこの作品で一躍大ブレイク、その後の活躍はご存知の通りです。チェストバスターに胸を破られて死ぬケインを演じたジョン・ハートは『エレファント・マン』（一九八〇年）その人を演じた俳優ですが、『１９８４』（一九八四年）、『スキャンダル』（一九八九年）、『ハリー・ポッター』シリーズ（オリヴァンダー役）、『裏切りのサーカス』（二〇一一年）などなど、代表作を挙げたらきりがないほどです。残念なことに二〇一七年に亡くなってしまいましたが……。ブレットという機関士を演じたハリー・ディーン・スタントンも素晴らしい性格俳優で、代表作には『断絶』（一九七一年）や『パリ、テキサス』（一九八四年）、『レポマン』（一九八四年）、『ワイルド・アット・ハート』（一九九〇年）などがあります。この人も二〇一七年に亡くなっています。もう一人の女性乗組員ランバートを演じたヴェロニカ・カートライトは子役出身、キャリアの長い俳優で（子役時代にはヒッチコックの『鳥』〈一九六三年〉にも出演）、『SF／ボディ・スナッチャー』（一九七八年）や『イーストウィックの魔女たち』（一九八七年）、『ナビゲイター』（一九八六年）など、SFやホラー映画にもよく出ています。なお彼女の妹さんはアンジェラ・カートライトといって、この人はTVシリーズ『宇宙家族ロビンソン』（一九六五年～六八年）の次女ペニー役で有名です。アッシュを演じたイアン・ホルムやパーカー役のヤフェット・コットー、それに船長を演じたトム・スケリット……実力派の性格俳優が一堂に会したことで『エイリアン』のドラマはとても見応えのあるものになりました。「宇宙の果ての、機械油にまみれた宇宙船の中で正体不明の怪物と出くわした乗組員たち」という設定がストンと飲み込めるのは、デザインや特撮の見事さもさることながら、俳優陣の努力の賜物でもあります。

先に「ＳＦホラー」と書いてしまいましたが、一作目の『エイリアン』は純然たるホラー映画だとぼくは思います。「宇宙では、あなたの悲鳴は誰にも聞こえない」というのは『エイリアン』公開時のキャッチコピーですが（英語のコピー“In space, no one can hear you scream.”を訳したものです）、漆黒の宇宙の果てに浮かぶ、ちっぽけなノストロモ号の閉塞的な船内は、言ってみれば人間の精神世界のようなものです。**逃げ場のない精神の世界で、「悪夢から飛び出して来たような」奇怪で性的なモンスターが襲いかかってくる。**無意識が自我に対して牙をむいたかのような、そういう恐怖が『エイリアン』にはあります。二作目以降、シリーズ化された『エイリアン』では、だんだんとアクションやモンスター（のデザイン）が前面に押し出されるようになっていきますが、もともとの『エイリアン』の根底にある魅力は「外部に救いを求めることが絶対に不可能な、どこまでも孤独な場所で、人間の自我が危機にさらされる」という恐怖感にあったのだと思います。

『エイリアン』がディストピア映画である理由は、端的に言ってノストロモ号の乗務員全員が「どんな形であれ」エイリアンを地球に持ち帰るための撒き餌にすぎなかった、ということが分かるからです。エイリアンの存在をなぜか事前に知っていた会社は、この生物を兵器に転用することで多大な利益が見込めると判断、ノストロモ号のクルーがエイリアンを「発見」するように仕組んだ上、計画が着実に進行するように人間と見分けのつかないアンドロイド（アッシュ／イアン・ホルム）をメンバーに加えてさえいました。人間をある種の「駒」として考え、個人の思惑や生死をないがしろにするのはディストピア社会の大きな特徴の一つですから、その意味で『エイリアン』はまったく伝統的なディストピア映画なのです。「死の商人」という言葉は最近あまり聞きませんが、『エイリアン』の会社はまさにそれだったというわけです。

人間は言い訳が与えられると鬼畜の所業にも手を染めてしまう

『ホテル・ルワンダ』

（二〇〇四年・南アフリカ、イギリス、イタリア／原題：Hotel Rwanda）

監督：テリー・ジョージ
出演：ドン・チードル／ソフィー・オコネドー／ニック・ノルティ／ホアキン・フェニックス

あらすじ
一九九四年。アフリカにある国ルワンダの民族「フツ族」の過激派が、少数派民族「ツチ族」を虐殺し始めた。混乱のさなか、高級ホテルの支配人ポール（ドン・チードル）はなんとか自分の家族だけでも救おうとしていた。しかしあまりにも凄惨な虐殺を目の当たりにした彼は、ツチ族や穏健派フツ族の難民を受け入れて匿うことを決断する。

恣意的に作られた「人種」という概念

二〇〇四年の映画『ホテル・ルワンダ』は、一九九四年に東アフリカのルワンダ共和国で実際に起こった大虐殺（ジェノサイド）を描いた作品です。この虐殺は「フツ族」と呼ばれる人々が「ツチ族」の人たちを片っ端から殺害した凄惨な事件で、その背景には「フツ族」と「ツチ族」の長年に渡る軋轢《あつれき》があったと言われています。しかし、この二つの「民族」の違いというものは生物学的には存在しません。遺伝的にいって、ヒトは単一の種（ホモ・サピエンス）だからです。**「人種」という概念は、それを肌の色や体つき、髪の色などで恣意的に区別しようとするものですが、そういう考え方が発展した背景には奴隷制度がありました。**一九世紀の終わりに誕生した「優生学」は「人種」に優劣がある（はずだ）、という思想を広め、これはナチスの人種政策に大きな影響を与え、その結果、数えきれない人々が文字通り虫けらのように殺されました。

ルワンダの大虐殺にも、恣意的に作られた「人種」の概念が背景にあります。「ツチ族」と「フツ族」という区分は、「ぱっと見」の印象で西洋人が作り上げた恣意的な区別に過ぎません（彼らには、文化的な違いもありませんでした）。「ぱっと見」の印象、というのは、身長や肌の色のことです。身長や肌の色、あるいは顔つきが違うから、何だというのでしょうか。「優生学」もそうですが、とにかく気に入らない相手を差別したい連中というのは、何かしらもっともらしい言い訳を見つけると、それを振りかざして、ついでに徒党を組んで松明《たいまつ》を掲げて襲ってくるのが常ですが、それで襲われる方はたまったものではありません。もし「ぱっと見」の印象で殺されるようなことになってしまったら……と考えると、夜も眠れなくなるほどです（なぜって、ぼくも「ぱっと見」の印象が良くない、というかむしろ悪いからです）。

大量虐殺の段階

ジェノサイド（大量虐殺）には、それに至るいくつかの段階があると言われています。有名なのはグレゴリー・スタントンというジェノサイド研究者が提唱した八段階のモデルで、以下のようなものです。

1：二つに分ける（「我々」と「奴ら」に分けること）
2：象徴化（「我々はドイツ人」「奴らはユダヤ人」という風に名前をつけて区別すること）
3：非人間化（「奴らは人間ではなく、ゴキブリだ」というように、相手を人間ではない存在とみなすこと）
4：組織化（実際に虐殺を行うことになる集団、たとえば民兵のグループを組織したりすること）
5：二極化（結婚を禁止するなどして、二つの集団の交わりを断つこと）
6：準備（殺す対象の名簿を作成したり、財産を没収したりすること）
7：絶滅（「奴ら」を大量に殺して絶滅させようとすること）
8：否定（証拠を隠蔽すること）

＊参考資料：
◎日本平和学会ＨＰ内「ジェノサイドに至る段階（Genocide Timeline）」
https://www.psaj.org/2015/06/11/ジェノサイドに至る段階-genocide-timeline/
◎Eight stages of genocide（Wikipedia）
https://en.wikipedia.org/wiki/Eight_stages_of_genocide

ルワンダのケースでも、こうした段階を経て大量虐殺が実行に移されました。ラジオは「ツチ族」のことを「奴らはゴキブリだ！　殺してしまえ！」と煽りに煽りました。こういう物言いを何度も聞かされたり、また自分たちで言い合ったりすることは本当に危険だし最低です。そうやっていくうちに、本当に「〝奴ら〟のことは人間とみなさなくていいんだ」と思えるようになってしまうからです。殺人や残虐行為に対する心理的なハードルが、相手を「ゴキブリ」とみなすことで一気に下がってしまうのです（なお、これはまったくの余談ですが、ぼくの知り合いのイタリア人女性にゴキブリの研究者がいます。彼女はゴキブリが大好きなので、たとえ象徴的な意味であったとしても「ゴキブリどもは皆殺しだ！」というような物言いにはいい顔をしないと思います）。**「〝奴ら〟と言うけど、彼らもあなたやあなたの家族と変わるところのない、人間なんですよ」と言われたら、相手を殺すのは難しくなるでしょう。**「あいつらは俺たちとまったく同じだが、殺す！」という主張には、本質的に受け入れがたいものがあります。「あいつらは人間じゃないから、殺してもいいんだ、いや、むしろ殺すべきだ」という屁理屈がメディアなどを通じて拡散され、それに同調する人の数が増えたとき、大量虐殺への道が開くのです。

松明を持って集まってくる村人

物語の舞台は「ミルコリン・ホテル（オテル・デ・ミル・コリン）」というホテルで、支配人のポール・ルセサバギナさんという実在の人物が主人公です。演じたのは『ブギーナイツ』（一九九七年）や『フライト』（二〇一二年）、また近年では『アイアンマン』シリーズ（二〇一〇年の『アイアンマン2』以降）の「ウォーマシーン」役でも人気のドン・チードルです。

ホテルの支配人ポールさん自身は「フツ族」ですが、奥さんは「ツチ族」でした。ミルコリン・ホテルは高級ホテルなので、ポールさんは日常的に政府の高官や軍人、また海外の要人の相手をしており、本人も高い教養と礼儀を身につけています。常識人でもあるポールさんは、「ツチ族」に対する憎悪と差別感情を煽るラジオ放送が過激さを増し、きな臭い話をいろいろ聞くになってなお「いくらなんでも、それが大虐殺に結びつくようなことはないだろう」と思っていま

ホテルの支配人を演じるドン・チードル。

した。これを一種の「正常性バイアス」（何か「やばい」ことが起きそうな状況になっても、「まだ大丈夫だろう」「そこまでひどいことにはならないだろう」と考えてしまう傾向のこと）と見ることはできますが、**戦争や虐殺など本当に「とんでもないこと」が起こりつつあるときに、それをしっかりと認識することができる人はとても少ないのではないかと思います。**自分も、いざそういう状況になったときに的確な判断が下せるとは到底思えません。

ところが、実際に虐殺行為は始まってしまいました。多くの人が避難できる場所を求めてホテルに押し寄せます。赤十字の職員が親を殺された子供たちの保護を求めてやってきたりもします。ホテルの外では、何万人という人々が殺され続けています。「フツ族」が組織した民兵もやってきます。彼らの目的はただ一つ、「ツチ族を探し出して皆殺しにする」ことです。いわゆる「松明を持って集まってくる村人」の最も凶悪なバージョンといってもいいでしょう。フィクション、ノンフィクションを問わず、ぼくが最も嫌悪感を抱く連中——それが「松明を持って集まってくる村人」です（「松明を持って集まってくる村人」の最も有名かつクラシックな例は、一九三一年の『フランケンシュタイン』に見ることができます）。

このような極限的な状況下で、一番効果を発揮するのは賄賂《わいろ》です。ナチスによるユダヤ人大量虐殺を描いた映画『シンドラーのリスト』（一九九三年）でも、シンドラーは賄賂を駆使してユダヤ人の命を救いました。大虐殺は略奪とワンセットになっているのが常ですが、そういう連中は本質的に泥棒なので（ナチスもそうでした）、金目のものを与えることで、わずかながら交渉の余地が生まれる（こともある）のです。ポールさんはカネの力を分かっていたので、自分のホテルだけでなく、他のホテルからも金品をかき集めてきて、それを民兵に差し出すことでなんとか人々を助けようと画策します。

誰もが主人公の立場になり得る

ルワンダの大虐殺が起こったのは一九九四年のことですが、「ラジオや新聞による扇動」という、かつて全体主義国家がプロパガンダに用いた手法が依然として有効なことが本作を観るとよく理解できます。人は、自信たっぷりに、あるいは声高に言われたことを信じてしまいがちだからです。**デタラメなことであっても、何度も繰り返し大声で言われ続けると「そんなものなのかな」と思ってしまう。これは誰にでもあることです**。何が本当のことで、何がデマなのか調べるのは手間がかかるし、面倒くさいことです。ましてやそうやって撒き散らされるデマが自分にとって耳に心地いいものであったらなおさらです。「耳に心地いい」というのは、たとえば「〝奴ら〟は生まれつき劣っている！」という物言いによって、何もせずとも自分が「奴ら」より優れた、特別な存在ででもあるかのように感じられることを指します。

ルワンダ大虐殺のときには普及していませんでしたが、今はインターネットによってデマやフェイクニュースが容易に、しかも広範囲に拡散するようになりました。たとえば「フラット・アース・ソサエティー（地球平面協会）」という団体があります。これは「地球は平らだ」と主張してはばからない人たちのグループですが、インターネットのせいで彼らの主張に賛同する人が一気に増大しました。有名人の死亡を伝えるフェイクニュースも毎日のように流れます。ぼくも何度となく「シルヴェスター・スタローン死亡！」というようなニュースにギョッとさせられてきました。もちろん、ちゃんと調べればそれが嘘であることはすぐに分かるのですが、そういうフェイクニュースが拡散するスピードはとんでもなく速く、また記事の見出しを見ただけでそれを頭から信じ込んでしまう人も後を絶ちません。「地球は平らだ」とか「有名人が亡くなった」という情報は比較的無害ですが（本当はかなり有害かもしれません）、「人種」間の対立と憎悪を煽り、虐殺をそそのかすようなプロパガンダが繰り返され、拡散され、それを鵜呑みにする人が現実に存在する、という状況は本当に憂慮すべきものだと思います。「どんなデタラメでも大声で繰り返すことで一定の効果が得られる」ということをナチスの宣伝省はよく分かっていたのですが、状況は今でも変わっていません。

『ホテル・ルワンダ』を観ていて恐ろしく感じるのは、信じがたいジェノサイドが「いつ、どこででも起こり得る」という事実に改めて気づかされるからです。さらに恐ろしいのは、そういう状況下において、**自分が被害者になる可能性があるだけでなく、加害者になってしまう可能性が同じくらいあるということです。**民兵たちは「〈ツチ族〉はゴキブリだから情け容赦なく殺して良い」というお墨付きを得たことで嬉々として大殺戮《だいさつりく》に手を染めました。一定の「お墨付き」や「許可」をもらった状態でいろんなものを破壊したり、集団として「盛り上がった」状態で弱者を痛めつけること……そうしたすべてを一種の「お祭り」感、非日常の興奮が支えています。自分以外の全員が「やっちゃえやっちゃえ、ワッショイワッショイ！」と「盛り上がっている」ときに、「いや、それはダメだ」とはなかなか言い出しにくいものです。まして大虐殺のような異常な状況下では「自分は裏切り者ではない」と示すために、より残酷になる必要すら生まれてきます（と、書きましたが、大虐殺でなくてもそうですね、すべてのいじめは同じ構造を持っていると思います）。「裏切り者」のレッテルを貼られたが最後、自分も「奴ら」の一員とみなされて殺されてしまうかもしれない……いざというときに、自分は、あなたは、果たして主人公のポールさんのような行動がとれるだろうか？この映画はそう問いかけてきます。

ポールさんを演じたドン・チードルは線が細い俳優で、気弱そうな雰囲気を漂わせているんですが、実際のポールさんはドン・チードルよりずっと恰幅のいい、強そうな雰囲気の人です（ポールさんはコンサルタントとして『ホテル・ルワンダ』の制作にも関わっています）。ＤＶＤに入っていたパンフレットによれば、本物のポールさんに近い体格の俳優をキャスティングしたら「いかにも頼りになりそうな、タフな人」に見えてしまいそうだ、ということで、あえてもっと細身で「普通の人」という感じのドン・チードルが選ばれたとのことです。「どんな人でも、ポールさんのような立場になり得る」というメッセージを伝えるために最適のキャスティングを行ったということです。

助けたいのに何もできない

ルワンダには国連軍も駐留していました。しかし国連としては戦争状態に突入することはなんとしても避けたいので、発砲することもままならないという苦しい立場にいます。できる限り人命を救助したいのはやまやまであっても、有効な手立てが打ちにくいのです。人々を飛行機で国外に脱出させようと、国連軍がトラックで空港に向かう場面がありますが、その途中、ラジオから「裏切り者どもが空港に向かっている。見つけ次第ぶち殺せ！」という音声が聞こえてきます。そして実際、ラジオに扇動された人々がトラックに向かって集まってきます。しかし国連軍が銃撃戦をおっぱじめるわけにいかないので、トラックはUターンしてホテルに戻らざるを得ません。脱出もできず、戦闘もできず、状況が悪化するのみ……という地獄のような日々が続きます。

国連軍の指揮官はカナダ人の大佐です（ぼくの大好きなニック・ノルティという俳優が演じています）。今まさに進行しつつある虐殺を前にしても立場上身動きがとれない、という苦渋に満ちた役どころをニック・ノルティは見事に演じました。『ホテル・ルワンダ』のキャスティングはなかなか豪華で、テレビ局のカメラマン役はホアキン・

フェニックス、ホテルのオーナー役でジャン・レノも出演しています。ジャン・レノ演じるオーナーは遠く離れたヨーロッパにいるのですが、状況を知り、何とか有効な手立てが打てないものかと、ある程度の支援をとりつけることには成功します。ただ現地にいるわけではないので、「自分にできるのはここまでだ。すまないが、あとは自分たちでなんとかしてくれ」と言って、事態が収束することを祈るしかありません。このシーンもまた、他人事とは思えないリアリティがありました。我々はメディアを通じて四六時中、世界各地で今なお起きている悲惨なニュースに触れていますが、その全てに興味を持つこともできないし、多くの場合、積極的に関わることもなかなかできません。間接的に募金をしたりして支援することはできますが、とんでもない悲惨な状況を目にしつつも、個人ができることはあまりにも少ない。『ホテル・ルワンダ』は観るのがとても辛い映画ですが、それには「無力さゆえの歯がゆさ」も関係していると思います。

実話を元にした『ホテル・ルワンダ』を「ディストピア映画」に含めることは、不謹慎に感じられるかもしれません。しかしあえて本作を「ディストピア映画」として扱ったのは、フィクションに登場する均質的で全体主義的なディストピア社会が成立するための前段階として「大虐殺」があったのではないかと想像するからです。あるいはそういう全体主義的な社会は継続的に大虐殺を要求するものだ、と言い換えてもいいかもしれません。**ジェノサイドとディストピアは明らかに相互補完的です。**そう考えたからこそ、この映画を取り上げることにしました。

この映画をざっくり一言で言うと、「**言い訳が与えられると、人間はとんでもない鬼畜の所業にも手を染めることができる**」ということではないかと思います。

「松明を持ってモンスター狩りを始める村人」の代表例として、本文で『フランケンシュタイン』（一九三一年）を挙げましたが、あの村人たちがそうするのには理由がちゃんとあります。事故とはいえ、フランケンシュタインの怪物が小さな女の子を湖に放り込んで殺してしまったからです。花びらをちぎって水面に投げる遊びをしていた女の子に出会った怪物は「何かを水に放り込むこと」が遊びだと勘違いして少女を殺してしまったのです。この場面が胸に迫るのは、女の子は怪物をその外見で差別せず一緒に遊んでくれていて、怪物もそれを喜んでいたからです。その日の午後、変わり果てた姿の娘を抱きかかえた父親が村に帰ってくる場面も印象的です。不幸に不幸が重なった、避けがたい悲劇として「松明を持った村人たち」が登場するわけで、イメージとは裏腹に『フランケンシュタイン』の村人たちは嗜虐の喜びに目を輝かせていたわけではないのです。

映像にすることで「見えない差別」も可視化できる

『ジャンクション』

（一九九五年・アメリカ／原題：White Man's Burden）

監督：デズモンド・ナカノ
出演：ジョン・トラヴォルタ／ハリー・ベラフォンテ／ケリー・リンチ／マーガレット・エイヴリー

あらすじ
白人と黒人の社会的立場が逆転したアメリカ。工場の労働者として働く白人の男タ（ジョン・トラヴォルタ）は、社長夫人の着替えを目撃してしまったことがきっかけで、不当に解雇されてしまう。こんな理由で解雇されたのは彼が白人だからで、人種差別に他ならない。仕事も家も失った彼は怒りに駆られ、社長（ハリー・ベラフォンテ）を誘拐して復職を迫る。

現実を反転させることで見えてくるもの

一九九五年の映画『ジャンクション』を「ディストピア映画」と言ってしまっていいのかどうかは微妙なところです。本書で取り上げた多くの映画と違って、この作品は未来を描いたSFではありません。どちらかと言えば「もしも」の世界を描いたTVシリーズ『トワイライトゾーン』（一九五九〜六四年）の一話のような雰囲気を持った作品です。そういえば映画版の『トワイライトゾーン／超次元の体験』（一九八三年）の最初のセグメント『偏見の恐怖』は「人生の不満をマイノリティや有色人種にぶつけてばかりいるレイシストの白人中年男性が、いろんな時代でKKKやナチス、あるいはアメリカ軍に追われる立場になる（相手からは、彼が黒人やユダヤ人、あるいはベトナム人に見えている）」という物語でした。このエピソードはラストも辛辣そのもので、レイシズムの恐ろしさをうまくファンタジーに落とし込んでいたと思います（なお『トワイライトゾーン／超次元の体験』の中でぼくが一番好きなのは、ジョー・ダンテ監督による第三話『こどもの世界』です）。

『ジャンクション』は、現代のアメリカが舞台のドラマです。主人公は工場に勤務する貧しい労働者ですが、些細なことがきっかけで会社から不当解雇されてしまいます。彼は会社に抗議しますが、まるで取り合ってもらえません。というのも解雇の背景には根強い人種差別があったからです。やけくそになった主人公は銃を手に、元いた会社の社長を誘拐するのですが……と、あらすじだけを聞くと、わりと普通のドラマなのではないかと思ってしまいます。でも本作の世界と現実のアメリカには一つだけ、決定的な違いがあります。この映画の世界では黒人と白人の立場が完全に逆転しているのです。何かしら革命のようなものがあったからではありません。奴隷貿易の時代、いやもっと遥か昔から、黒人と白人の地位が完全に入れ替わっていた「もしもの世界」というわけです。だからお金持ちの社長の方が黒人で（ハリー・ベラフォンテ）、貧しい工場労働者は白人です（ジョン・トラヴォルタ）。社会全体の構造として、金持ちのエリート層を黒人が占め、多くの白人は搾取され厳しい暮らしを強いられている……そういう風になっています。

昨今はハリウッドでも人種問題を扱った作品が次々と発表され、人気を集めています。ホラー映画『ゲット・アウト』(二〇一七年)、スーパーヒーロー映画『ブラックパンサー』(二〇一八年)、一九六七年のデトロイト暴動を映画化した『デトロイト』(二〇一七年)、KKKに「潜入」する黒人捜査官を描いた『ブラック・クランズマン』(二〇一八年)……『ジャンクション』は一九九五年の映画ですが、そこに込められた鋭い風刺や皮肉は今もまったく色褪せていません。ストレートに人種が入れ替わった「もしもの世界」を見せてくれるので、インパクトは絶大です。

『ジャンクション』の風刺が優れているのは、この映画が喚起する「違和感」が、現実のグロテスクさそのもの

裕福な社長を演じるハリー・ベラフォンテ(左)と貧しい労働者を演じるジョン・トラヴォルタ(右)。

だからです。黒人と白人の立場が入れ替わり、社会におけるそれぞれの文化の優位性を逆転してみせているだけなのに、『ジャンクション』の世界は「おかしなことになっている」ように見えます。しかし、この映画が「おかしく」見える、ということは、現実において「おかしな状況が常態化している」ということであり、その「おかしな状況」を我々が無意識のうちに（全面的にではなくとも）受け入れてしまっている、という事実を浮き彫りにするものです。白人と黒人が入れ替わっただけで、主人公の置かれた状況が不当に感じられるということは、すなわち現実において黒人が置かれた状況が不当なものだからに他なりません。

見えない差別を可視化する

『ジャンクション』の監督はデズモンド・ナカノという人です。日系人としてアメリカで育ったナカノ監督は、白人から見ても黒人から見ても常に「Them（ヤツら）」でした。彼は本作について「自分のようなアジア系、あるいは日系人はアメリカにおいて、黒人からも白人からも〈他者〉とみなされる――その感覚が強いため、日本を訪れて〈他者とみなされない〉状態になると、何かが間違っていると感じてしまうほどだ」と語っています。常に「他者」としてアメリカ社会に身をおいていることが、この企画を思いついたきっかけにあるということです。『ジャンクション』は、そういうバックグラウンドを持つ監督だからこそ描けた物語なのかもしれません。

原題『ホワイト・マンズ・バーデン』（白人の重責・責務、というような意味）はもともとラドヤード・キプリングの詩の題名です。キプリングは一九世紀末から二〇世紀初頭にかけて名を馳せたイギリスの詩人で、『ジャングル・ブック』を書いたことでも知られています。『一九八四年』を著したジョージ・オーウェルはキプリングを「イギリス帝国主義の伝道者」と評しましたが、彼の『ホワイト・マンズ・バーデン』はまさに帝国主義と白人の優位性についての詩で、「未開の地に出かけて、有色人種を啓蒙することこそが白人の責務だ」というようなことを言っています。本作はそれを逆転させて、文字どおり「白人であること自体が重荷となるような」世界を描いているのですが、とても気の利いた題名だと思います。

この映画は、白人と有色人種でまったく見え方が違うはずです。白人がこの映画を観たら、すごく気まずい思いをするのではないかと思います。その理由の一つが、主人公が誘拐する黒人社長サディアス（ハリー・ベラフォンテ）のキャラクターにあります。この人は大変リベラルな精神の持ち主で、しかも篤志家《とくしか》です。奥さんも同様で、彼らは「貧しい白人の子供を助けましょう」というキャンペーンをやり、寄付をしたりもしています。奥さんが主催のチャリティ・ファッションショーはモデルもデザイナーも黒人ばかりですが、最後に白人の子供たちが舞台に上げられます。奥さんは「なんて可愛い子供たちでしょう、彼らに愛の手を差し伸べなくては」と言うのですが、白人観客はその人がリベラルであればあるほど、この場面を観ていたたまれない気持ちになるのではないかと想像してしまいます。

本作を観ていると「白人と黒人の立場が逆転したことで生じる違和感」が自分の中にあることがそもそもおかしいのではないか、と感じられてきます。**「黒人と白人の立場が逆転した状況を見せられて〈人種差別はひどい〉というメッセージが突き刺さってくる」ということは、どれだけ多くの人種差別的な状況を見過ごしてきたか、ということでもあるからです**。ふだん我々は差別されている人たちのことを読んだり聞いたりして、ある程度「分かった」と思ってしまいがちです。『ジャンクション』は白人と黒人の立場が逆転した「もしもの世界」を丁寧に映像化することで、普段見えづらい差別のグロテスクさや不条理さをストレートに伝えることに成功しています。本作はアメリカではコケましたが、それはこの作品が白人にとってきわめて居心地の悪い体験を強いるものであり（そんなことになっていること自体が問題なわけですが）、わざわざ居心地の悪い体験をしに映画館に足を運ぶ白人が少なかったことも理由の一つではないかと思います。

裕福な黒人の社長を演じたハリー・ベラフォンテはヒット曲「バナナ・ボート」で知られる大スターですが、この人は実際に公民権運動や反戦運動、反核運動に熱心に参加してきた人物です。そんな人が今回は「自分をリベラルだと思っているが、本質的に〈差別〉というものを理解できていない」人物を演じているのも本作の見どころです。この社長は悪意ある人物では決してないものの、想像力が及ばないために「差別」の本質にどうしてもたどり着けない……ハリー・ベラフォンテはこれまでそういう白人を多く見てきたのだと思います。

黒人ヒーローのおもちゃを欲しがる白人少年

『ジャンクション』はディテールが豊かな映画で、「逆転」するとどうなるのかをカルチャーの面からも鋭く突いています。裕福な黒人の家族は、みなアフリカ由来のドレスに身を包んでいます。貧乏で職のない白人の若者が、庭にラジカセを持ち出して大きな音でヘヴィメタルを流しているのも面白いです（黒人のヒップホップに相当するものとして、ヘヴィメタルが使われているわけです）。誘拐された社長は、主人公にホットドッグを勧められて露骨に嫌そうな顔をします。ホットドッグは社会的立場の低い、白人が食べるジャンクフードだからです。社長の奥さんは、自分の息子が家に白人のガールフレンドを連れてきたのを見て、一瞬顔を引きつらせ……それから無理に笑顔を作ります。「人種が逆転しているだけで、本当にこういうことが沢山あるんだろうな」と思わせる見事なディテールだと思います。

これはぼくの想像ですが、おそらく黒人の観客だけの映画館でこの作品を上映したら爆笑の嵐だと思います。ただ、**これを観て「ウケる！」と言えるのは黒人だけかもしれません。白人がこの映画を「楽しむ」ことができるかというと、それは非常に難しいのではないかと思います。**

主人公には幼い息子がいますが、この子が観ているテレビの画面に映るのはＣＭも含め黒人ばかりです。大好きなコミックのヒーローももちろん黒人。このコミックには、ヒーローの相棒として白人のキャラクターも出てくるのですが、主人公が誕生日プレゼントにその白人キャラの人形を買ってあげようとしても、息子はそれを欲しがりません。黒人ヒーローのおもちゃの方が欲しいのです。

二〇一六年に公開された映画『私はあなたのニグロではない』では、原作者にしてアメリカ黒人文学を代表する作家、ジェームズ・ボールドウィンがこうした状況について語る場面があります。ボールドウィンは子供の頃に白人ばかりが出ているテレビを観て育ちました。幼い彼は「正義の味方の白人が悪いインディアンをやっつける」という西部劇を、なんの違和感もなく受け入れていました。ところが物心がついたある日、彼は「白人にやっつけられている方が自分なんだ」と気づいて愕然とします。「抑圧されている側は、何が現実か分からなくなってしまうのだ」。そうボールドウィンは言っています。

警官による問答無用の射殺

解雇され、人生に行き詰まった主人公は社長に当たり散らします。

「あんたのせいで俺は仕事を失って、家族は離散して、家もなくなって、散々なんだ！」。これに対して社長が言うセリフは象徴的です。
「お前な、いい加減にしろ。私は苦労して、努力したからこそ今の地位にいるんだ。お前は自分のだらしない生活を棚に上げて、社会が悪いと文句を言っているだけじゃないか。私を見ろ。こんなにちゃんと生きているじゃないか」——**彼は、自分が最初から社会的に有利な立場にいて、そもそもスタート地点からして主人公とは異なる、ということにまったく気づいていません。これは自分が抑圧する側である、ということに無自覚な人に多く見られる物言いです。**

と、社長が突然、発作を起こして倒れてしまいました。心臓に持病がある彼は薬を飲む必要があったのですが、誘拐されていたので飲めなかったのです。このままでは社長が死んでしまう、と思った主人公は病院に車で向かいますが、途中でエンストを起こしてしまいます（主人公の人生が前に進まないように、主人公の乗る車もまともに走らないというわけです）。慌てて周囲に助けを求めても、行き交う車は止まってくれません。「夜中に白人が道に立っているのはそれだけで怪しい」からです。仕方ないので主人公は近所の店に銃弾を撃ち込んで窓ガラスを割り、防犯ベルを鳴らすことにします。パトカーがやってくることを期待してのことです。果たしてパトカーが来たところで主人公が事情を説明しようとすると……黒人警官によって問答無用で射殺されてしまいます。

このようなことが、どれほど実際に起きているかについては、もはや言うまでもないでしょう。

この映画のいいところは「白人の主人公と黒人の社長が本音で話し合った結果、立場の違いを超えて分かり合えた」というような、都合のいい美談にしていないところです。二人とも悪人ではないのに、あまりにもお互いの立場が違いすぎて最後まで分かり合えないままになってしまう。

事件の後、社長は主人公の奥さんのところにお見舞金を持って訪ねていきます。「旦那さんには申し訳ないことをした」と言ってお金を渡そうとすると「いらないわよ！」と拒否されて映画は終わります。「もしもの世界」だからと安易な「感動」や「共感」に引っぱられることなく、苦い現実をしっかりと見据えて。

この映画をざっくり一言で言うと**「頭で分かっているつもりでいることも、画にしてもらうことでまったく違う理解の仕方ができる」**ということだと思います。文字通り野心的な一本だといえるでしょう。

本作で黒人の社長を演じたハリー・ベラフォンテは、スパイク・リー監督作『ブラック・クランズマン』（二〇一八年）に出演し、「若い世代に対してかつての白人による黒人リンチ殺人の凄絶さを語る老人」という役どころを演じています。彼が語る物語は実話がベースになっています。それが一九一六年にテキサス州で起きたジェシー・ワシントン・リンチ事件で、レイプ殺人の容疑をかけられたワシントン少年（当時一七歳）は一万人もの群衆が熱狂する中、性器や指を切断され、炭化するまで燃やされました。『ブラック・クランズマン』では、この物語をハリー・ベラフォンテが語るのとカットバックして、ＫＫＫの連中が集会所で『國民の創生』（一九一五年）を観ている様子が映し出されます。ＫＫＫを英雄化して描いた映画『國民の創生』とリンチ事件を交錯させることでスパイク・リーは「映画に映画で」きっちり落とし前をつける、ということをやってのけたのだと思います。

Fatherland

監視・密告社会は恐ろしい

『ファーザーランド～生きていたヒトラー～』

（一九九四年・アメリカ／原題：Fatherland）

父なる国

『ファーザーランド～生きていたヒトラー～』は、一九九四年にアメリカの放送局HBOが製作したテレビ映画です。「ファーザーランド」というのは「父なる国／祖国」という意味ですね。「生きていたヒトラー」は日本でVHSビデオが発売されたときに付けられた副題です。「生きていたヒトラー」と聞くと、つい生命維持装置に繋がれたヒトラーの生首が水槽の中に浮かんでいる様子を思い浮かべてしまうのですが、それは『They Saved Hitler's Brain』（一九六八年／日本未公開）という別の映画です。

監督：クリストファ・メノール
出演：ルトガー・ハウアー／ミランダ・リチャードソン／ジーン・マーシュ／ピーター・ボーマン

あらすじ
時は一九六四年。このパラレルワールドではナチス・ドイツが第二次世界大戦で敗北しておらず、ドイツとアメリカが冷戦状態にある。ナチス・ドイツにおける警察組織＝SSの捜査官、クサヴィアー・マルヒ（ルトガー・ハウアー）は、湖で見つかった老人の遺体について捜査を進めるうちに、国家によって隠蔽されていたおそるべき事実を目の当たりにする。

これはこれで面白いのですが、『ファーザーランド』の方は非常にシリアスな作品です。

　このテレビ映画の原作はロバート・ハリスという人が書いた同名の小説です（『ファーザーランド』文春文庫）。この本はジャンルでいうと「歴史改変ＳＦ」とか「架空歴史小説」ということになると思います。つまり**「もしもナチス・ドイツが第二次世界大戦に負けていなかったら……」という「もしも」の世界を描いた作品です**。小説版とは少し異なる部分もありますが、そうなった大きな契機は連合国によるノルマンディー上陸作戦の失敗です。アメリカはノルマンディーの惨憺《さんたん》たる結果を受けてヨーロッパ戦線に対する興味を失い、太平洋戦争に注力するようになります。イギリスのウィンストン・チャーチル首相はカナダに亡命してしまいました。その結果、日本はアメリカに原爆を投下

SS警部のマルヒ
（ルトガー・ハウアー／右）と
アメリカ人記者シャーロット
（ミランダ・リチャードソン／左）。

されて降伏（ここは史実と同じです）するのですが、ドイツは「V‐3」という架空のミサイルでニューヨークに攻撃を加えることに成功します。このような経緯があったため、第二次大戦後、ドイツとアメリカは冷戦に突入することになります。

本作の舞台は、第二次大戦の終結から二〇年ほど経った一九六〇年代のベルリンです。「枢軸国が第二次大戦に勝利していたら……」という、同じような設定の作品としては、フィリップ・K・ディックの『高い城の男』（二〇一五年にAmazonプライム・ビデオで映像化）が有名ですが、複雑なメタ構造を持つ『高い城の男』とは異なり、『ファーザーランド』は「もしもの世界」をストレートに描いたものとなっています。

この世界でも第二次大戦は終わりましたが、ドイツは今なおソ連と戦闘状態にあります。ソ連が国境付近でゲリラ戦を繰り広げていて、戦況は泥沼の一途を辿っています。加えてアメリカとも冷戦状態とあっては国が疲弊していくばかりなので、ドイツとしてはなんとかアメリカと講和条約を結びたい。そこでヒトラー七五歳の誕生日を祝う記念式典にアメリカのジョセフ・P・ケネディ大統領を招き、和平交渉に持ち込もうというわけです。「冷戦を終わらせるために首脳同士が出会う」というと、今のまさに世の中で実際に起こっていること（編注：二〇一八年四月二七日に開催された南北首脳会談）を、嫌でも想起してしまいます。

隠蔽された戦争犯罪

作品中のドイツの立ち位置は、現実の歴史において「アメリカと長きにわたる冷戦状態下にあったソ連」にきわめて近いところにあります。現実のソ連と同様、この世界のドイツも「鉄のカーテン」に覆われて、西側諸国はその内情をよく分かっていません。しかし今回、記念式典にアメリカ大統領を招くとあって、初めて西側のメディアの取材が許可されることになります。それを受けてドイツに降り立ったアメリカ人の女性ジャーナリストが本作の主人公の一人です。ベルリンにやってきた彼女は「ナチスの元高官が次々と殺害されている」という事件を知り、真相を探るうちに巨大な陰謀の存在を知ることになる……。『ファーザーランド』は、そういうミステリー仕立てになっています。ただ、「鉄のカーテン」をくぐって入国したジャーナリストではあっても、自由な取材活動ができるわけではありません。どこに行こうが国が用意した「ガイド」がいつもくっついてきて、写真を撮ることもままなりません（カメラを向ける方向すら、「ガイド」の指示に従わなくてはいけないことになっているのです）。笑顔の「ガイド」が、美辞麗句を並べたプロパガンダまがいの文言しか口にしないのも不気味そのものです。旧ソ連だけでなく、北朝鮮や中国をも思わせる「全体主義プロパガンダ国家」のカリカチュアになっているわけですが、そういう国家や体制が実在することを考えるとやるせない気持ちになります。そのような描写がブラック・ジョークとして成り立たない状況、というものが容易に想像できるからです。

ドイツが敗戦を経ていないということは、ナチスの戦争犯罪の多くが明らかになっていないということです。「ユダヤ人を東方地域に移住させる」というのは戦時中にナチス・ドイツが言い募ったプロパガンダですが、この物語の中では人々がいまだにそれを信じています。一九六〇年代に到るまでホロコーストが露見していないということは、歴史上で実際に虐殺された人々より遥かに大勢の人々が（この物語の中では）連綿と殺され続けていたということになるわけで、これは心底ぞっとするような設定です（念のため書いておきますが、これはホロコーストを矮小化《わいしょうか》する意図でそう言っているわけではなく、未曾有の戦争犯罪が劇中ではさらにスケールアップしているということです）。

本作の実質上の主人公は『ブレードランナー』（一九八二年）で有名なルトガー・ハ

ウアーが演じるマルヒという男です。彼はSS（親衛隊）の将校なのですが、この世界でSSは警察のような組織になっています。一方、SSとは別にゲシュタポ（秘密警察）も存在し、省庁間の縄張り争いは日常茶飯事です。マルヒはSSとして先に述べた「ナチスの元高官が次々と殺害されている事件」を捜査することになるのですが、彼の行く手にゲシュタポが立ちはだかります。それどころか、身内のSSにも「この事件にあまり首を突っ込まない方がいい」と諭される始末です。政府高官が関わっているということは国家機密に関係している可能性があり、うかつに首を突っ込むとどのような結果が待ち受けているか分からないからです。密告と監視が社会の隅々にまで行き渡っています。**「ある日、誰かが急にいなくなってしまう」「偶然にしてはできすぎの〝事故〟で人が次々と死んでしまう」というような描写には背筋が凍ります。**実際、秘密警察がいるような密告社会ではそのようなことが頻繁に起こるからです。そういう社会は文字通りのディストピアです。不健全な官僚組織は足の引っ張り合いに終止し、人々の人権は著しく制限されています。

マルヒは中年の親衛隊将校なので、「そんな人物がナチス・ドイツの悪行を捜査するなんて、マッチポンプじゃないか」と受け止められてしまうかもしれません。それを避けるための設定として、マルヒは戦争中、潜水艦Uボートに乗艦していたことになっています。潜水艦という隔離された状況にいたため、国内で起きたユダヤ人迫害をはじめとする戦争犯罪についてよく知らない、というわけです。これはうまい設定だと思います（実際のSSの極悪非道ぶりはよく知られているので、そういう設定がないとアメリカの視聴者がマルヒを主人公として受け入れるのは難しかったはずです）。

オープニングでは、SSのロゴが入ったスウェットの上下を着た青年が湖畔をジョギングしていて、死体遺棄の現場を目撃してしまいます。この場面は『羊たちの沈黙』（一九九一年）のやはり冒頭、主人公クラリス（ジョディ・フォスター）がFBIのロゴが入ったスウェットを着てジョギングしているシーンを明らかに意識したものです。そうやってFBIと重ね合わせることで、「ああ、この世界のSSはアメリカのFBIのような組織なんだな」と感じさせることに成功しているわけですが、「もしもの世界」を本当らしく見せるためのディテールとしてよくできていると思います。

世界首都ゲルマニア

『ファーザーランド』の舞台はベルリンですが、そのベルリンは建築家アルベルト・

シュペーアがヒトラーと一緒になって構想した「世界首都ゲルマニア」です。巨大建築が立ち並ぶゲルマニアはヒトラー念願のプロジェクトで、高さ二〇〇メートル以上、直径三〇〇メートルにおよぶ超巨大ドーム（国民ホール／フォルクス・ハレ）や、ヒトラー自身のスケッチに基づく、高さ一二〇メートルもの凱旋門、巨大なスタジアムなどが立ち並ぶはずの誇大妄想的なプロジェクトでしたが、実際には総統官邸や省庁の庁舎など、いくつかの例外を除いて実現しませんでした。ゲルマニアはヒトラーとシュペーアによる「廃墟価値の理論」に基づいた都市計画でした。これは**「数千年経ったのち、廃墟になったときにカッコよく見える都市を作りたい！」というアホ丸出しの考え**で、早い話がローマの壮麗な廃墟に対するコンプレックスです。

ゲルマニアの模型や設計図を前にしたヒトラーとシュペーアの写真は有名ですが、その様子は映画『ヒトラー～最期の12日間～』（二〇〇四年）にも登場しています。『ファーザーランド』は特撮を駆使して、ついぞ実現しなかった世界首都ゲルマニアを華々しく映像化した、という意味でも画期的な作品でした。撮影はチェコで行われています。共産主義時代の建物が多く現存していたからですが、モダンなような古臭いような建築の数々は「もし本当にドイツが冷戦状態になっていたらこんな感じだったのでは?」と思わせる説得力がありました。なお、撮影中のチェコには、ナチス占領時代を覚えている住民も数多く、撮影のためとはいえ鉤十字の旗が街中に大量にはためくさまを見て、体調を崩してしまった人たちもいたそうです。戦争の生々しい記憶を抱えた方がまだ沢山いらしたということです(『ファーザーランド』は一九九四年の作品ですから、終戦からまだ五〇年も経っていなかったわけです。二〇一九年を起点にすると終戦は七四年前ということになりますから、だいぶ差があります)。

ゲルマニア以外にも、本作には気の利いたディテールが満載です。たとえば、一瞬映るだけですが『ファーザーランド』の世界ではナチス親衛隊の実力者にして「ユダヤ人問題の最終的解決」の司令官、ラインハルト・ハイドリヒはまだ生きていて親衛隊のトップに出世しています(実際は亡命チェコ軍人たちによる決死の計画「エンスラポイド作戦」によって暗殺されました)。ハイドリヒ暗殺計画は『死刑執行人もまた死す』(一九四三年)、『暁の七人』(一九七五年)など数回にわたって映画化されており、二〇一七年に日本で公開された『ハイドリヒを撃て!「ナチの野獣」暗殺作戦』(二〇一六年)はその最新の映画化でした。

自分の翼で飛べ

本作の重いテーマは「歴史修正主義」ということに尽きます。ナチス・ドイツが第二次大戦に敗北しなかったがために、ホロコーストについては党の最上層部以外、もはや誰も知りません。「もはや」と書いたのは、たとえ戦争中にその事実を知っていた人がいたとしても（実際には数多くいました）、戦後二〇年が経ち、その間、プロパガンダ教育が徹底されてきたからです。マルヒには幼い息子がいますが、彼は学校で教えられるまま、プロパガンダに染まった考え方の人間に育ちつつあります。戦前の世界を知っているマルヒは食事の前に祈りを捧げようとするのですが、息子は祈りの文句の代わりに「総統万歳！」などと叫ぶ始末です。それだけではありません。なんと、この子は「体が不自由な人や病人は、かわいそうだから殺してあげたほうがいいんだ」などと言ったりもします。そういう風に学校で教わっているからです。他の価値観に触れたことがなく、ナチスに「純粋培養」された息子は、ある日父親のことをゲシュタポに密告してしまいます。「お父さんは病気でおかしくなっているから、何か変なことをしていたら我々に連絡しなさい」と言われて、その通りにしてしまったのです。

物語の終盤、重傷を負ったマルヒが、電話で息子に**「自分の頭で考えなければダメだ。人に言われたり、刷り込まれたりしたことを信じるのではなく、自分の足で立って自分で考えろ。自分の翼で飛ぶんだ」**と語るシーンがあります。この「自分の翼で飛ぶんだ」という言葉は、以前マルヒが息子に聞かせた「背中が曲がった時計職人」のたとえ話から来ています。「とある時計職人がいて、毎日仕事をしていたら背中が曲がってしまった。やがてそこにコブができて、それがどんどん大きくなっていった。みんながそれを嘲笑った。でも、ある日そこから翼が生えて、彼は空に飛んでいったんだ」という話です。

本作は苦い後味を残しますが、それでも最後の最後には希望があります。ここから先はちょっとしたネタバレになってしまいますが、日本では今のところなかなか観るのが難しい作品なのでご容赦ください（物語上の、というより物語の構造に関するネタバレです）。映画のラスト、観客はこの作品のナレーター、つまり「語り手」が成長したマルヒの息子であることを知ります。父親のメッセージは幼い息子にしっかりと届いていました。プロパガンダによって洗脳された、国家にとって都合のいいだけの操り人形のような存在に、マルヒの息子はならずに済んだのです。

この作品をざっくり一言でまとめるのは難しいですが、**「監視・密告社会は恐ろしい」**ということは言っておかなくてはなりません。誰も信じることができない、猜疑心と恐怖に支配された監視・密告社会の窒息しそうな閉塞感がうまく表現された作品だと思います。また「歴史に〝もし〟はない」と言いますが、この映画を観ると「現実がこういうことになる可能性も、いくらでもあったのだ」ということが理解できて、慄然《りつぜん》とさせられます。

『ファーザーランド』は日本ではVHSしかリリースされておらず、なかなか観るのが難しい一本ですが、ぜひDVDかブルーレイで再発売してもらいたいと思っています。

「ヒトラーが生きていた！」という映画として、『ファーザーランド～生きていたヒトラー～』はとても異色です。なぜそういうことになったのか、という歴史的経緯も含め、とても真面目に作ってあるからです。一般的に「ヒトラー生存説」といえば「世界の指導者はトカゲ人間」などと同じ荒唐無稽な陰謀論のことなので、必然的に生存説を採用した映画もバカバカしいものになりがちです（それをみんな楽しんで作っているわけですが）。一九六八年のTV映画『They Saved Hitler's Brain』にはテープレコーダーのような生命維持装置に接続された、生きているヒトラーの生首が登場します。『ナチス・イン・センター・オブ・ジ・アース』（二〇一二年）ではヒトラーの生首がロボットの胴体に乗っていました。そして短編映画『KUNG FURY／カン・フューリー』（二〇一五年）のヒトラーはカンフーで襲いかかってきたのでした。

綻びを隠そうとして嘘を重ねると
絶対に失敗する

『大統領の陰謀』

（一九七六年・アメリカ／原題：All the President's Men）

複雑怪奇なウォーターゲート事件

『大統領の陰謀』はアメリカ憲政史上最大のスキャンダルと言っても過言ではない「ウォーターゲート事件」を描いた一九七六年の映画です。複雑怪奇な「ウォーターゲート事件」を簡単に要約することは難しいのですが、「政敵に対する後ろ暗い工作活動が露見するのを恐れた政権が、メディアや証人に対してありとあらゆる圧力をかけて、自分たちに都合の悪い事実をもみ消そうとした事件」と言っていいと思います。しかしその目論見は失敗に終わり、最終的にリチャード・ニクソン大統領は失脚に追い込まれることになります。『大統領の陰謀』は、その「ウォーターゲート事件」がどのようにして明らかになり、国家を揺るがす醜聞に発展していったかを描いた作品です。アメリカ人の政治不信は、この事件が明らかになったことで決定的になったと

監督：アラン・J・パクラ
出演：ダスティン・ホフマン／ロバート・レッドフォード／ジャック・ウォーデン／マーティン・バルサム／ハル・ホルブルック

あらすじ
一九七二年、アメリカの首都ワシントンD.C.にあるウォーターゲート・ビルに不法侵入した男たちが逮捕された。「ワシントン・ポスト」の記者ボブ・ウッドワード（ロバート・レッドフォード）とカール・バーンスタイン（ダスティン・ホフマン）がこの事件について調べていくと、やがて国家を揺るがすとんでもない事実が明るみになっていく。

言われています。

この映画の主人公は「ワシントン・ポスト」紙という新聞社に勤める若い記者のボブ（ロバート・レッドフォード）とカール（ダスティン・ホフマン）です。ことの発端はワシントンD.C.にあるウォーターゲート・ビルという場所で起きた侵入事件でした。ウォーターゲート・ビルは六つのビルから成る複合施設で、ホテルやオフィス、マンションが一体となったものです。その中に民主党の本部もあったのですが、ある日（一九七二年六月一七日）の未明、ここに忍び込んで盗聴器を仕掛けようとしていた五人の男が逮捕されます。彼らの裁判を取材に行った「ワシントン・ポスト」紙の記者は、不思議なことに気がつきます。単なる不法侵入の事件かと思いきや、政府と深い繋がりのある弁護士の姿があったからです。何かおかしい、と気づいた記者がウォーターゲート・ビルに押し入った男たちの素性を調べてみると、彼らがみなＦＢＩやＣＩＡに勤務していた経歴があることが判明します。いよいよもって怪しい、ということで記者はさらなる取材を試みますが、作業は難航します。なかなか相手が馬脚を現さないからです（権力が本気でもみ消そうとしているのですから、それも当然です）。そんな中、「ディープ・スロート」と呼ばれる謎の情報提供者が登場、彼からリークされる内部情報に助けられながら、ボブとカールが歴史的な大スクープをすっぱ抜く、というのが『大統領の陰謀』の物語です。

この映画の面白いところは、おそろしく地味な作業の積み重ねを描いているにもかかわらず、とてつもなくスリリングな作品になっているところです。主人公二人がやっていることといえば、取材で会いに行った人から話を聞くこと、電話をすること、あとは上司に「こんな記事じゃダメだ！」とダメ出しをされているかの三つで、それが延々と繰り返されます。アクションがあるわけでもないし、セクシーな場面もなく、銃撃戦もありません。地味と言えばここまで地味な映画もないのですが、「国家権力が本気で隠蔽しようとしているものを、どうやって裏取りをして記事にするのか？」という駆け引きのサスペンスが凄まじく、二時間以上ある上映時間がアッと言う間に過ぎてしまいます。

新聞記者を演じる
ロバート・レッドフォード（左）と
ダスティン・ホフマン（右）。

ワシントン・ポストが全面協力

ウォーターゲート事件を受けてニクソンが辞任したのは一九七四年。映画『大統領の陰謀』はその二年後（一九七六年）に公開されました。主人公のモデルになった二人の記者が書いた手記が原作ですが、その片方を演じたロバート・レッドフォードが映画化権を獲得したことで、企画が動き始めました。面白いのはレッドフォードが最初「ワシントン・ポスト」紙に電話して、映画化するにあたって取材をさせてほしいと頼んだところ、新聞社側が「こっちは記事を書くんで忙しいんだ、俳優に会ってる時間なんかないよ」と返事をしたというんですが、まさに映画の中で描かれた通り、日々取材に執筆にと忙しくしている新聞社の雰囲気が伝わってきます。とはいえ、最終的に「ワシントン・ポスト」紙は全面的に協力してくれることになりました。

映画に登場する「ワシントン・ポスト」紙の編集部はまるで本物に見えますが、これはバーバンクのスタジオにオフィスを再現したセットです。最初は実際に「ワシントン・ポスト」紙の建物で撮影するという案もあったのですが、いざカメラを回してみると、背景に映る本物の記者の人たちが自分をカッコよく見せようとして、不必要なお芝居を始めてしまったんだそうです（中には自分でメイクまでして来る記者もいたということです）。それでは困る、ということで編集部とそっくりのセットが建造され、本物の記者の代わりに役者をエキストラとして使って撮影が進められました。

All the President's Men

原題の『All the President's Men』というのは「all the king's men」という言葉のもじりで、マザー・グースの童謡『ハンプティ・ダンプティ』の一節から来ています。「All the king's horses and all the king's men ／ Couldn't put Humpty together again（王様の馬と家来の全部がかかっても／ハンプティ・ダンプティを元に戻せなかった）」というところがそれで、「all the king's men（王様の全部の家来）」を「All the President's Men（大統領の全部の家来）」と言い替えているわけです。ハンプティ・ダンプティとは卵のことです。塀から落ちた卵のハンプティは割れてしまって、もうどうやっても割れる前の姿に戻すことはできません。それと同じように、「**大統領の家来が束になって頑張っても、失われた信頼と権勢は取り戻せなかった**」と原題は言っているわけです。

この映画の登場人物は、主人公二人も含め実在の人たちばかりです。見た目もかなり似せています。ダスティン・ホフマンが演じた記者の役は当初、アル・パチーノに演じてもらおうという案もあったそうですが……。先にも書いた通り本作はロバート・レッドフォードが精力的に動いて実現したのですが、物語の面白さはもちろんのこと、主人公の二人が対照的なキャラクターだということにも強く惹かれたのだそうです。レッドフォードが演じたボブ・ウッドワードは「WASP（ワスプ）」の白人で熱血漢。一方。ダスティン・ホフマンが演じたカール・バーンスタインはユダヤ系でクールなタイプです。支持している政党もウッドワードは共和党でバーンスタインは民主党と正反対なのですが、そういう対照的な二人が共通の目標に向かって団結するところに惹かれたのでしょう。いわゆる「バディもの」の面白さが本作には詰まっています。

『大統領の陰謀』と『ペンタゴン・ペーパーズ』

「ワシントン・ポスト」紙の記者ウッドワードとバーンスタインは、ベン・ブラッドリー（ジェイソン・ロバーズ）という編集主幹にいつもダメ出しをされています。「きちんとした証拠で裏付けが取れていないものは、記事にするわけにはいかない」というのはブラッドリーの口癖です。スティーヴン・スピルバーグ監督の『ペンタゴン・ペーパーズ／最高機密文書』（二〇一七年）では、このベン・ブラッドリーをトム・ハンクスが演じていました。

『ペンタゴン・ペーパーズ』は「ペンタゴン・ペーパーズ暴露事件」を映画化したものです。これはベトナム戦争に関する機密書類を「ニューヨーク・タイムズ」紙がすっぱ抜いた事件ですが、その書類には政府にとって都合の悪い事実が沢山載っていました。これを知ったニクソン大統領は機密の漏洩《ろうえい》だとして「ニューヨーク・タイムズ」紙の記事掲載を差し止めしようとします。そのとき「ワシントン・ポスト」紙がさらなる情報を入手、紙面で連載することで事件が闇に葬られないようにした、という新聞社同士の連携プレーが『ペンタゴン・ペーパーズ』では描かれます。政府の圧力に対して、ジャーナリズムはどう戦ったのかと。

強大な権力を持つ大統領に、あるいは政府に楯突く記事を世に出すのは危険を伴います。それを成立させるためには、しっかりとした裏付けをとっておく必要がありますが、政治が絡むことはそれだけでは済みません。『ペンタゴン・ペーパーズ』には「ワシントン・ポスト」紙の社主キャサリン・グラハム（メリル・ストリープ）が登場しますが、彼女は記者出身というわけではなく、もともと社主だった旦那さんが亡くなり、その地位を引き継いだ人です。彼女は叩き上げでないので、デリケートな（というか、ときの政府と対峙することになる）記事をどう扱っていいものか悩みます。加えて彼女は上流階級の出身なので、ロバート・マクナマラ国防長官など、政権の中枢に知己がいる。しがらみと社会正義、あるいは面子《めんつ》の間で彼女は悩むことになります。なお実際のキャサリン・グラハムさんは『大統領の陰謀』映画化にあたって、社名を出していいものかどうか悩んだという話なんですが、出来上がった映画を観て感激して、レッドフォードに感謝状を送ったそうです。

「ペンタゴン・ペーパーズ暴露事件」は一九七一年の出来事で、直後の一九七二年に起きたのが「ウォーターゲート事件」です。だから、映画が製作された順序は逆ですが、先に『ペンタゴン・ペーパーズ』を観てから『大統領の陰謀』を観ると時系列がよく分かっていいと思います。スピルバーグ監督は現在の政治状況に対する危機意識から、今こそこのような映画を作らなければいけない、と使命感に駆られて『ペンタゴン・ペーパーズ』を作ったそうです。もちろん『大統領の陰謀』との関連もしっかり考えられています。**『ペンタゴン・ペーパーズ』のラスト・カットは『大統領の陰謀』のファースト・カットを完璧に再現したものなので、続けて観ると実際に途切れなく繋がっ**

ているように見えます。一作目のエンディングがそのまま二作目のオープニングに途切れなく繋がる映画というと『死霊のはらわた』（一九八一年）と『死霊のはらわた2』（一九八七年）のようですが、『大統領の陰謀』と『ペンタゴン・ペーパーズ』は作られた順序が逆で、映画としては別にシリーズというわけでもないのにそうなっているわけです。これはスピルバーグが並々ならぬ敬意を『大統領の陰謀』に対して持っているということの表れだと思います。

『ペンタゴン・ペーパーズ』と同じ年に公開されたリーアム・ニーソン主演の『ザ・シークレットマン』（二〇一七年）もやはり「ウォーターゲート事件」を扱った作品ですが、こちらは謎の情報提供者「ディープ・スロート」の視点から事件を追っていきます。「ディープ・スロート」の正体は当時のＦＢＩ副長官だったことが分かっているのですが、そんな人物が職場（ＦＢＩ）を抜け出して、どうやって新聞記者たちとコンタクトをとっていたのか、この映画を観るとよく分かります。なので順番としては『ペンタゴン・ペーパーズ』を観てから『大統領の陰謀』を観て、それから『ザ・シークレットマン』を観ると、連続して起きた事件を多角的に見ることができて面白いと思います。

ちなみに『大統領の陰謀』で「ディープ・スロート」を演じたのはハル・ホルブルックという俳優で、彼は以前「シネマストリップ」でご紹介した『カプリコン・1』（一九七七年）では、陰謀を企むNASAの博士を演じていました。また、やはり「シネマストリップ」で扱った『クリープショー』（一九八二年）では、ゴリラ怪獣に自分の奥さんを食べさせようとする恐妻家の大学教授役でした。

超技巧派の撮影監督による緻密な画作り

『大統領の陰謀』の撮影監督はゴードン・ウィリスといって、『ゴッドファーザー』シリーズをはじめ、『アニー・ホール』（一九七七年）、『マンハッタン』（一九七九年）などウディ・アレン作品でも知られる、アメリカ映画界が誇るトップ・カメラマンです。ゴードン・ウィリスは完全主義者として有名ですが、彼が作り出す映像はあまりに自然に見えるため、どれだけ高度なテクニックが使われているのか気づきにくいという特徴があります。『大統領の陰謀』にも「どうやったらこんな撮影が可能なのだろうか？」と驚くような映像が続出します。画面の手前から、遥か奥まですべてにピントが合っている「ディープ・フォーカス（パン・フォーカス）」が多用されているのは『大統領の陰謀』の大きな特徴の一つですが、「スプリット・ジオプター（二焦点レンズ）」を使った、物凄いカットにもビックリさせられます。ロバート・レッドフォードが電話している六分間に及ぶ長回しのカットは、よく見ると手前のレッドフォードと後ろで作業している記者たちの両方にピントが合っています。二焦点レンズを使ったこのような画作《え》りはブライアン・デ・パルマ監督の映画などでもよく目にしますが、普通、そういう場面で映像がズームしていくことはありません。二焦点レンズは一枚のレンズの左半分と右半分（レンズを回転させれば上下にもなりますが、便宜上こう書いています）の被写界深度が違うので、ズーム効果と併用することは不可能なはずなんです。しかし『大統領の陰謀』では、焦点が二つある映像にもかかわらず画面がどんどんレッドフォードに寄っていって、最終的に二つあったはずの焦点が一つになってしまいます。ちょっと技術的な話になってしまって申し訳ありませんが、一言でいえば「物理的に不可能なはずのこと」が画面内で起きているのです。このカットを成立させるために、ゴードン・ウィリスは「二焦点レンズをスライドさせることのできる機構」という特殊機材を開発したとのことで、その画作りにかける執念には脱帽です。

また、映画の画では影の部分が潰れてディテールが見えなくなっていることが一般的ですが（最近はデジタル機材のおかげでそうでもなくなってきましたが）、ゴードン・ウィリスの映像ではいつも影の部分のディテールがしっかりと捉えられています。『ゴッドファーザー』もそうでしたが、『大統領の陰謀』も、「どれほど影の部分のディテールが豊かに映っているか」に注目して観るとびっくりすること間違いなしです。一つの画面の中で、一番明るいところと一番暗いところ、どちらのディテールも保たれているというのがすごいのです。ゴードン・ウィリスはそのような映像を実現するために「どこまで露出を絞って、どういうフィルムで撮ったらギリギリどこまで映るか」という実験を、気の遠くなるような回数にわたって繰り返したそうです。他の追随を許さない、そういう緻密な仕事ぶりは『大統領の陰謀』でもいかんなく発揮されています。

この映画をざっくり一言で言うと「**綻びを隠そうとして嘘を重ねると絶対に失敗する**」ということです。「ウォーターゲート事件」は政府が嘘に嘘を重ねて事実を隠蔽しようとした事件でした。**嘘のやっかいなところは、一つの嘘を隠すために別の嘘をつかなくてはならなくなるところです。そうやって繰り返し嘘をつくうちに、どんどん嘘が山のよう**

に積み上がっていき、最終的には自分でついた嘘をコントロールできなくなってしまいます。

そうなると、いずれ必ずバレてしまいます。自分の子供時代を思い返してみても、このことはよく分かります。親についた嘘を別の嘘で取り繕おうとしては、毎回バレていましたから。フィクションはいいですが、嘘はダメです。これについてはマーク・トウェインがいいことを言っています。「もし本当のことを言っていれば、何も覚えておく必要はないのだ」と。

本書に収録できなかった作品に『カプリコン・1』（一九七七年）があります。これは「火星に有人宇宙船を送る」というNASAのミッションが実はヤラセで、それに気づいた宇宙飛行士が命を狙われるというお話です（火星からの帰還途中に死亡したという設定にされているため）。『カプリコン・1』はフィクションですが、『大統領の陰謀』シンドロームというか、要はウォーターゲート事件によって巻き起こった「国家への不信感」がその根底にある作品です。国家権力が本気で何事かを隠蔽しようとしたときに、どのようなディストピア的な事態が起きるのか……その恐怖が『カプリコン・1』の魅力で、これは『大統領の陰謀』に通じるものがあります。口封じ、記録の改竄、証拠隠滅……ナチス政権下やソビエト連邦を思わせる策謀と犯罪がアメリカでも行われていた、ということを知らしめたウォーターゲート事件はアメリカにとって文化史的な転換点でもあったのです。

「高橋ヨシキのシネマストリップ」放送日一覧

2015年

4月3日『未来惑星ザルドス』（1974年・イギリス）
4月10日『マッドマックス』シリーズ
4月17日デヴィッド・リンチ
4月24日『インディ・ジョーンズ』シリーズ
5月1日『ヤコペッティの残酷大陸』（1971年・イタリア）
5月8日『スター・ウォーズ エピソードⅣ／新たなる希望』（1977年・アメリカ）
5月15日『26世紀青年』（2006年・アメリカ）
5月22日『ペイン&ゲイン 史上最低の一攫千金』（2013年・アメリカ）
5月29日『猿の惑星』シリーズ
6月5日『ジョーズ』（1975年・アメリカ）
6月12日『ゾンビ』（1978年・アメリカ）
6月19日『バタリアン』（1985年・アメリカ）
7月10日『ミディアン』（1990年・アメリカ）
7月17日『ネットワーク』（1976年・アメリカ）
9月4日『マッドマックス 怒りのデス・ロード』（2015年・オーストラリア／アメリカ）
9月25日『ゼイリブ』（1988年アメリカ）、『ウォッチメン』（2009年・アメリカ）
10月2日『キャバレー』（1972年・アメリカ）
10月9日『デス・レース2000年』（1975年・アメリカ）
10月16日『ビルとテッド』シリーズ
10月23日『クリープショー』（1982年・アメリカ）
10月30日『グリーン・インフェルノ』（2013年・アメリカ）

11月6日『メリー・ポピンズ』（１９６４年・アメリカ）

11月13日『スペースバンパイア』（１９８５年・イギリス）

11月20日 おすすめの「超・爽やかな映画」3本
（フェイドTOブラック、トゥインクル・トゥインクル・キラー・カーン、フォーリング・ダウン）

11月27日『ゴッドファーザー PARTⅢ』（１９９０年・アメリカ）

12月4日『華氏451』（１９６６年・イギリス）

12月11日『グレムリン2 新・種・誕・生』（１９９０年・アメリカ）

12月18日『ウィロー』（１９８８年・アメリカ）

12月25日『スター・ウォーズ／フォースの覚醒』（２０１５年・アメリカ）

2016年

1月22日『キングスマン』（２０１４年・イギリス）

1月29日『ブリッジ・オブ・スパイ』（２０１５年・アメリカ）

2月5日『ラビリンス／魔王の迷宮』（１９８６年・アメリカ）

2月12日『オデッセイ』（２０１５年・アメリカ）

2月26日『死霊のはらわた』（１９８１年・アメリカ）

3月4日『ヘイトフル・エイト』（２０１５年・アメリカ）

3月11日『チャイナ・シンドローム』（１９７９年・アメリカ）

4月8日『ルールズ・オブ・アトラクション』（２００３年・アメリカ）

4月22日 ブルース・リー特集

5月6日『ブレードランナー』（１９８２年・アメリカ）

5月13日『ドラキュラ』（１９９２年・アメリカ）

5月20日『スペル』（２００９年・アメリカ）

5月27日『ロボコップ』（１９８７年・アメリカ）

6月3日『ブラックブック』（２００６年・オランダ）

6月10日『スペッターズ』（１９８０年・オランダ）

6月17日『スターシップ・トゥルーパーズ』（１９９７年・アメリカ）

6月24日『ショーガール』（１９９５年・アメリカ）

7月1日『デッドゾーン』（１９８３年・アメリカ）

7月8日『モンティ・パイソン・アンド・ホーリー・グレイル』（1974年・イギリス）
7月15日『クラッシュ』（1996年・カナダ）
9月2日『裸のランチ』（1991年・イギリス／カナダ）
9月9日『コズモポリス』（2012年・カナダ／フランス／ポルトガル／イタリア）
9月16日『ザ・フライ』（1986年・アメリカ）
9月23日 カナザワ映画祭
10月7日『サムシング・ワイルド』（1986年・アメリカ）
10月14日『ラリー・フリント』（1996年・アメリカ）
10月21日『フライトナイト』（1985年・アメリカ）
10月28日『キャビン』（2012年・アメリカ）
11月4日『エブリバディ・ウォンツ・サム!! 世界はボクらの手の中に』（2016年・アメリカ）
11月11日『エド・ウッド』（1994年・アメリカ）
11月18日『愛と憎しみの伝説』（1981年・アメリカ）
11月25日『ベティ・ペイジ』（2005年・アメリカ）
12月2日『グレート・ボールズ・オブ・ファイヤー』（1989年・アメリカ）
12月9日『恋するリベラーチェ』（2013年・アメリカ）
12月16日『ゴッド・アンド・モンスター』（1998年・アメリカ）

2017年

1月6日『サウスパーク／無修正映画版』（1999年・アメリカ）
1月13日『ジャングル・ブック』（2016年・アメリカ）
1月20日『アメリカン・ウェイ』（1986年・アメリカ）
2月3日『キング・コング』（1933年・アメリカ）
2月10日『エスケープ・フロム・L.A.』（1996年・アメリカ）
3月3日『第5惑星』（1985年・アメリカ）
3月10日『料理長殿、ご用心』（1978年・アメリカ／フランス／イタリア／西ドイツ）
3月17日『トワイライトゾーン／超次元の体験』（1983年・アメリカ）
4月7日『ブラジルから来た少年』（1978年・イギリス／アメリカ）

4月21日『エイリアン』（1979年・アメリカ）
4月28日『セシル・B／ザ・シネマ・ウォーズ』（2000年・アメリカ／フランス）
5月4日『キャット・ピープル』（1942年・アメリカ）
5月19日『イナゴの日』（1975年・アメリカ）
5月26日『1984』（1956年・イギリス）
6月2日『チーム・アメリカ ワールドポリス』（2004年・アメリカ）
6月16日『ツイン・ピークス The Return』（2017年・アメリカ）
6月23日『ランド・オブ・ザ・デッド』（2005年・アメリカ）
6月30日『ディック・トレイシー』（1990年・アメリカ）
7月7日『エル～ELLE～』（2016年・フランス／ベルギー／ドイツ）
9月15日『ナイト・オブ・ザ・リビングデッド』（1968年・アメリカ）
9月22日『悪魔のいけにえ』（1974年・アメリカ）
9月29日『サンセット大通り』（1950年・アメリカ）
10月6日『ビートルジュース』（1988年・アメリカ）
10月20日『ホーカス・ポーカス』（1933年・アメリカ）
10月27日『ヤング・フランケンシュタイン』（1974年・アメリカ）
11月10日『2300年未来への旅』（1976年・アメリカ）
11月24日『少年と犬』（1975年・アメリカ）
12月1日『懲罰大陸☆USA』（1971年・アメリカ）
12月8日『サイレント・ランニング』（1972年・アメリカ）
12月22日『ウォーリー』（2008年・アメリカ）

2018年

1月12日『マイノリティ・リポート』（2002年・アメリカ）
1月26日『スノーピアサー』（2013年・韓国／アメリカ／フランス）
2月9日『デモリションマン』（1993年・アメリカ）
2月23日『ホテル・ルワンダ』（2004年・南アフリカ／イギリス／イタリア）
3月9日『カプリコン・1』（1977年・アメリカ／イギリス）
4月6日『大統領の陰謀』（1976年・アメリカ）
4月13日『SF／ボディ・スナッチャー』（1978年・アメリカ）

4月27日『ファーザーランド～生きていたヒトラー～』（1994年・アメリカ）

5月18日『レディ・プレイヤー1』（2018年・アメリカ）

5月25日『ジャンクション』（1995年・アメリカ）

6月1日『摩天楼を夢見て』（1992年・アメリカ）

6月8日『孤独な場所で』（1950年・アメリカ）

6月22日『ロスト・ハイウェイ』（1997年・アメリカ／フランス）

6月29日『エンゼル・ハート』（1987年・アメリカ）

7月6日『キラー・インサイド・ミー』（2010年・アメリカ）

7月20日『恐怖のまわり道』（1945年・アメリカ）

9月21日『氷の微笑』（1992年・アメリカ）

9月28日『トータル・リコール』（1990年・アメリカ）

10月12日『アンダー・ザ・シルバーレイク』（2018年・アメリカ）

10月19日『スリーピー・ホロウ』（1999年・アメリカ）

11月16日『恐怖城　ホワイト・ゾンビ』（1932年・アメリカ）

11月30日『マトリックス』（1999年・アメリカ）

12月7日『ヘレディタリー／継承』（2018年・アメリカ）

12月21日『ストレンジ・デイズ』（1995年・アメリカ）

2019年

1月11日『アトミック・カフェ』（1982年・アメリカ）

1月25日『13ゴースト』（1960年・アメリカ）

2月22日『1984』（1984年・イギリス）

3月1日『ステップフォード・ワイフ』（1975年・アメリカ）

3月8日『マチネー／土曜の午後はキッスで始まる』（1993年・アメリカ）

以降のリストについては、番組の公式サイト（http://www.nhk.or.jp/suppin/movie.html）をご覧ください。

Yoshiki × Gen-ichiro

ディストピア化が加速する社会を生き抜くには？

高橋ヨシキ×高橋源一郎 対談

暴力と恐怖による専制政治は古臭い「はず」だった

高橋源一郎（以下、源一郎）　今の時代こそこういうディストピア映画を見るのは面白いよね。現実がとっくにディストピアになっているからかもしれないけど、こんなに身に染みるとは思わなかったよ。

高橋ヨシキ（以下、ヨシキ）　本当ですね。ディストピア小説の代表格といえば、ジョージ・オーウェルの『一九八四年』とオルダス・ハクスレーの『すばらしい新世界』ですが、大量生産・大量消費を崇める『すばらしい新世界』の方が実現する可能性が高いのではないか、という見方は根強くありました。憎悪と恐怖、暴力と恐怖が支配する『一九八四年』のような全体主義的ディストピアはもう古臭い……と言われていたのに、現在の世の中を見渡してみると、むしろ現実には『一九八四年』化が進んでいることを肌で感じます。

源一郎　『華氏４５１』も、『１９８４』も、『トータル・リコール』も原作の小説があって、昔読んで好きな作品だったんだけど、原作が発表された当時は「こういう世界が来るかもしれないぞ！」っていう警告の書だったわけだよね。

ヨシキ ナチズムやスターリニズムといった、歴史上の事実としての恐怖政治を踏まえた上で、それを極限まで推し進めるとどのような世界が到来するのか？　という……。

源一郎 そういう思考実験でもあった。……はずなのに、今の世の中がマジでそういう世界になっている。ほんとに驚きだよね。

ヨシキ 抑圧的な体制が熱烈に支持されている、ということにはギョッとさせられます。盲目的なまでにそういう体制をサポートする人たちが沢山いる。たとえば『スター・ウォーズ』を観ていて「帝国軍頑張れ！」という人はいないと思うんですが［*］、現実には諸手を挙げて帝国を支持して「（圧政からの自由を求める）反乱軍はけしからん！　皆殺しにしろ！」と言うわけです。

［*ヨシキ注：『スター・ウォーズ』のファンの中には帝国軍が大好きな人も沢山います。が、だからといって彼らが全体主義や恐怖政治を支持しているわけではないと思います］

源一郎 そうだよね（笑）。「なんで国家に反抗するんだ？　非国民じゃないか！」みたいなことを言う人がたくさんいるんだもん。

ディストピア社会では「個人であること」が難しい

ヨシキ 権力や権威を後ろ盾にしたとき、人間がどこまで不寛容に、獰猛になれるものなのか……ということは、ディストピア映画を観るとよく理解できます。

源一郎 それから、マジョリティは「マジョリティであること」への執着がすごいよね。彼らには「弱者には優しくしましょう」という建前すらなくなって、「マジョリティこそが人間で、マイノリティは人間じゃない」っていう感覚になっている。

ヨシキ マイノリティへの抑圧は現実でも大きな問題ですが、ディストピア映画はそれを誇張し、戯画化して描くものです。それが、最終的にはマジョリティとしての「集団」対「個人」という構造として浮かび上がってきます。『華氏４５１』や『マイノリティ・リポート』、あるいは『１９８４』などに見られるように、ディストピア映画における典型的な主人公というのは、もともと体制側の人間であることが多い。彼らは常に権力という後ろ盾に守られていて「個人」の立場になったことがない（『１９８４』のウィンストンは体制側のふりをしていただけですが、社会における立場という意味では同じです）。そういう立ち位置にいた人物が後ろ盾を失い、国家権力に追われる立場になった瞬間「自分が個人だった」ことに気づくわけです。

源一郎 それって大切だよね。マジョリティだった人間が「個人になる」ためには、一度「マイノリティになる」必要があるのかもしれない。でも、それは難しい。ということは、この社会ではなかなか個人になれないってことなんだよね。

ヨシキ マイノリティになるということは「亜人間」として扱われるということです。だから「いないこと」にされたり、無視されたりして排除の対象になってしまう。

源一郎 怖いのはそこだよね。個人でいようとすると、この社会から無視されて、追放される可能性がある。だから多くの場合「だったら自分はマジョリティでいいや」って考えてしまう。

ヨシキ マジョリティに逆らったら、その場で殺されてしまうかもしれない……。『ホテル・ルワンダ』で描かれたような、そういう状況になったとき、信念に基づいて個人としての立場を貫き通すのがどれだけ難しいことか。目の前で殺されそうになっている人を救おうとすることで自分の死を招く可能性が限りなく高いときに、果たして自分は「個人」のままでいられるのだろうか？

源一郎 『ホテル・ルワンダ』は、日本人にとってもまったく他人ごとじゃないよね。ぼくたちの国では、関東大震災のときに朝鮮人虐殺が起こっている。異民族を敵対視して「あいつらが殺しに来るぞ。だから先にやってしまえ」という構造はまったく同じでしょう。

ヨシキ ツチ族の虐殺、朝鮮人虐殺、ユダヤ人虐殺などの恐ろしいところは、「排除すべきマイノリティ」とみなされた人たちを外見では区別できないところです。自分たちと同じ見た目の人たちをイデオロギーや、目にみえない「人種」概念で選別して「あいつらは人間じゃない、だから殺してしまえ」となる。その論理が通用するということは、いつなんどきでも、誰でも虐殺の対象になり得るということです。

源一郎 同じ人間なのに、本人すら気づいていないような違いを探し出して、「お前はエイリアンだ！」って差別するんだよね。

ヨシキ いったん相手のことを「人間ではない」とみなしてしまえば、どんな残虐行為でもできてしまう。『スターシップ・トゥルーパーズ』はそれを戯画化した映画で、「ゴキブリどもをブッ殺せ！」と言いながら、実際にゴキブリと戦争をしています（笑）。相手を「非人間化」することによって虐殺が可能になる仕組みを痛烈に皮肉っているわけです。

歴史が無くなるのはこの世界で一番恐ろしいこと

ヨシキ 『１９８４』の主人公ウィンストン・スミスは体制の都合に合わせて歴史を改竄《かいざん》するのが仕事ですが、今の日本でもまったく同じことが行われていますね。

源一郎 ロシア共産党は実際にそういう改竄をやっていたでしょう。有名なのは、演説しているレーニンの傍に立っているトロツキーの写真を加工して消してしまった事件ね。あんな露骨な不正や事実の改竄がまかり通ったのは、特殊な時代と環境があったからなんだと思ってた。だから現代ではあり得ないだろうって。そういう意味で、まだ人間を信用していたんだけど……現実は何も変わってないどころか、もっとひどくなっている。

ヨシキ 『１９８４』は二回映画化されていて、新しい方は１９８４年に公開されました。とてもよくできた作品で評価も高かったのですが、一方で先ほども言ったように「いくらなんでも、こういう全体主義的なディストピア観はちょっと時代遅れなのではないか」という見方もありました。ところが現在『１９８４』を観直してみると、まさに同時代的というか、現代の状況をそのまま反映した最新の映画のように見えます。

源一郎 歴史の改竄っていうのは、実は「歴史を無くす」っていうことなんですよ。歴史が無くなるっていうのはこの世界で一番恐ろしいことだと思います。歴史が無くなったら、過去に遡って事実を調べることができなくなる。焦土作戦と同じで、歴史、言葉、事実を全部燃やしてゼロから社会を作るっていう発想です。

Yoshiki × Gen-ichiro

ポル・ポトがやったカンボジア大虐殺もそうだよね。新しい社会に適応できない人間は全員殺して、過去の世界を知らない人間だけにしちゃおうっていう、まさに究極のディストピアだよね。

ヨシキ 『1984』のセリフで言われていることですが、究極のディストピアが完成したあかつきには、科学も芸術も消え失せてしまうんですよね。文化的な営みはすべて過去の歴史の積み重ねの上にあるので、必然的にそうならざるを得ない。科学の強みというのは、時代が変わり、体制が変わっても方法論が同じなら同じ結果を出すことができるところにあるわけですが、『1984』の体制は、その方法論すら消し去ろうとしています。

源一郎 『トータル・リコール』は人工的に作った記憶を脳にインプットするっていう話だけど、その考え方でいえば、無くなった歴史も都合のいいように作ってしまえばいいわけだよね。

ヨシキ 実証主義を相対論で無化したい、という欲望は現実にもあちこちで表明されています。改竄に改竄を重ねていくことで、偽史と歴史の区別が曖昧になっていくことを望んでいるわけです。

源一郎 社会にとって歴史は、個人にとっての記憶と同じなんだよね。人間は、記憶を無くすと自分が誰だか分からなくなる。社会も歴史が無くなると、その社会がそもそもどんなものだったのか分からなくなってしまう。そうなると、人は植え付けられた記憶、作られた歴史の上で生きていくしかない。

ヨシキ 歴史が無くなってしまったとき、社会には進むべき方向も無くなります。そういう世界では「現状の体制を維持する」ということが至上命題になってしまいます。

源一郎 『1984』の社会というのはどこにも向かっていなくて、ただ体制が持続することを目指しているよね。

ヨシキ 「体制」というものは本質的にそれを志向するものだということなのでしょう。恒久的に現状が維持されることが理想なわけです。

怒りが快感に変わる危険性

源一郎 『1984』の全体主義で特徴的なのは、敵への憎しみを掻き立てることが大切な装置になっていることだよね。みんなが「二分間憎悪」でモニターを見ながらだんだん興奮してきて、その怒りが快感に変わっていく。これって今まさにインターネットとかテレビで起こっていることと同じだよね。

ヨシキ 「自分たちの側に理がある」という状態で怒りを増幅させたり、他者を痛めつけたりすることに、ある一定の快感があるのは事実だと思います。

源一郎 うん、人間は複雑だから、ぼくたちが考える自発性とか、寛容さ、豊かさという喜びとは別に、他者を抑圧するとか痛めつける快感というのも確かにある。それこそ子供を虐待する気持ちはなかなか理解できないけど、それが起こってしまう構造はよく分かる。虐待してしまう人間は、それしか子供に対する接し方を知らないのかもしれない。

ヨシキ 「支配と服従」という関係性しか知らないと。

源一郎 そういう環境で育った人間は、「人間の関係には支配するか、されるかしかない」と思っているから、自分の子供を暴力で支配しようとする。たぶん、自分もそうやって支配されていたから。しかも、そういう世界しか知らないと、それに喜びを感じるようになるんだよね。人間はどんな環境にいてもやっていることに意味や喜びを見出すものだから。

ヨシキ 「支配と服従」という関係性の中では、支配が完全に機能していないこと、すなわち相手の服従が不完全に映ることが支配者をひどく苛立たせます。そして、その苛立ちが虐待や「シゴキ」を正当化し、かつ激化させるのだと思います。自衛隊員や警察官の自殺、日大アメフト部の事件などにとどまらず、同様の構造が社会の至るところに蔓延している。「先輩・後輩」という関係の中に、あらかじめ「支配と服従」という要素が分かちがたく組み込まれてしまっています。支配と抑圧の構造が、国対個人のようなマクロだけでなく、家庭や学校、職場などミクロな関係の中でも再生産され続けています。

源一郎 社会全体が家父長制のような構造になっているわけだよね。家の中に家長という天皇のような存在がいて、それを無条件で愛さなくちゃいけない。上はサディストで下はマゾヒストであるのが当然である、という考えに異論を唱える人間は異端者として排除される。

ヨシキ そういう構造をア・プリオリなものとして育つ

と、自分より「目下」の人間にはどれだけひどい仕打ちをしてもいいんだ、なぜなら社会とはそういうものだからだ、ということになってしまいます。「相手も自分と対等の立場の、一人の人間である」という視点がはなから欠落している人とはコミュニケーションが成り立ちません。政治家や官僚が木で鼻をくくったような答弁や発言を繰り返すのは、そもそも「対等な人間同士のコミュニケーション」という有り得るべき前提がまったく共有されていないからでしょう。

源一郎 菅（義偉）官房長官が東京新聞の望月（衣塑子）記者の質問に対して回答を拒否するような対応をしたのがニュースになっていたけど、あれは要するに「黙ってろよ」「俺の方が上なんだ」っていうことだよね。しかも、政権を支持しているマジョリティには「あの対応がいい」と考えている人が多いわけでしょう。

ヨシキ あれほど傲岸《ごうかん》で失礼な身ぶり、というのはちょっと想像を絶するものがあって、ぼくなどは見ていてはらわたが煮えくり返る思いですが、逆に、政権の立場を内面化し、自分と政権を同一視しているような立場の人であれば、あれほどスカッとする応対もないのでしょう。「うるさい、余計な質問をしてくる、生意気な女性の記者を鼻であしらってやった！」という風に見えて、快哉《かいさい》を叫びたいほどの快感が得られるのではないかと思います。

源一郎 そういう支配者の視点で誰かを見下して気持ちよくなるっていう感覚は、人間に根深く巣食っているものだよね。

体制の外側に希望がある

源一郎 『真空地帯』とか『人間の条件』みたいな日本軍を描いた小説とかを今読むと、まるでディストピア小説なんだよね。軍隊は一番上に天皇がいて完全な階級社会だから、立場の弱い人間を徹底的にいじめるわけ。

ヨシキ 無意味なことをやらせるのが権力の本質なので、そういういじめは理屈に合わなければ合わないほどいいんですよね。体制側は、国歌斉唱のときにその場にいる全員を起立させるとか、無意味な行動を強制することで快感を味わっている。敬礼とか行進とか、ぼくは絶対にやりたくないですね。

源一郎 一糸乱れぬ行進とか危険な組体操とかは、ディストピア社会の象徴だよね。怖いのは、無意味な行動をさせられている方も、だんだんとそれに快感を覚えるようになってしまうってこと。

ヨシキ 『1984』のオブライエンのセリフにならえば、「権力の行使とは、服従を強いるだけでは十分でなく、相手を苦しませる必要がある。なぜなら、相手が苦しんでいることによってはじめて、自分の意志ではなく、権力に従っていることが分かるからだ」ということですよね。行進や組体操、朝礼といった、無意味な動作を権力が強いるのはそのためです。しかし、そのシステムに飲み込まれてしまうと、支配者のみならず、服従している方も「無意味なことをやり遂げる」ということに達成感や快感を覚えてしまうようになる。そこで輪が閉じてしまうということもあると思います。

源一郎 そもそもこの社会の本質がディストピアなんじゃないかって思えてくるよね。こうやって何十本もディストピア映画を観てきたけど、ふっと振り返ると、今の社会全体がもう一本のディストピア映画だったっていう……。

ヨシキ 社会というのは結局、システムに違和感を覚える人間にとってはディストピアで、システムに安住している人にとってはユートピアなんだと思います。ここでいうシステムというのはコントロール、つまり「支配」そのもののことです。

源一郎 ディストピア社会に希望はあるのか？ と考えたときに、映画の中では、地上の人間とは違う価値観を持って地下に住んでいたり、森に亡命していたり、社会の下層に位置するプロレタリアに希望が残っているんだよね。

ヨシキ 希望はいつも「外側」にあるということですよね。その「外側」は物理的な外部ということにとどまらず、心理的な外部ということも含めてですが。『スノーピアサー』で列車の中に暮らす人々は、外に出たらたちどころに死ぬ、と信じて生きてきたのですが、実際には外の世界に生命の希望がありました。『2300年未来への旅』もドームの外は死の世界だとされていましたが、出てみたらそこには歴史があり、世界があり、存在しないとされていた「老人」さえいました。日本だけでなくアメリカやヨーロッパでもそうですが――いや、世界中どこでもそうかもしれませんね――ときの政権や体制に異議を唱えると、すぐに「この国が嫌なら出て行け」という人たちがいます。なぜかというと、彼らの中では自国の「外側」は生存不可能なバッドランドだからです。物理的にも心理的にも「外部」に対する恐怖心がすごいわけです。しかし、本当にそうなのだろうか？　ということは常に問い直す必要があると思います。外に出てみたら、そこは言われていたような死の世界ではないかもしれない。

源一郎 ディストピアの外で生きている人間にこそ、個人としての考えや生活がある。

ヨシキ ディストピア的な世界にあって正気を保つためには、四六時中「それは本当なのだろうか？」と問い直すことだと思います。体制や権威を疑うことは絶対に必要です。「個人」であるためには、体制を内面化しないように注意し続ける必要があって、そのためには政権や体制に都合の悪いことが書いてある本を読んだり、そういう意見に耳を傾けたりすることが重要ではないでしょうか。そして、体制が「こう振る舞いなさい」と身ぶりを強要してくるときには、それと反対のことをすると（笑）。

源一郎 社会が強制してくることの反対をやっていればまともな人間になれるっていうことだね（笑）。

ヨシキ 体制を内面化してしまうと「支配と服従」の関係性を快感として味わうことができるようになってしまいます。支配の快感、権力で他人を思うがままに操り、いたぶり、生死を左右できることの快感……そういうものに誘惑されてしまわないように、自分の中にセーフティネットを設けておく方がいい。権力の欲望が人間を飲み込んで暴走しはじめた先には真のディストピアが待っています。

源一郎 人間は自分を正気に保つために言葉や文化を作っている。そうしないと、どこかで暴走しちゃうっていうことを知っているからね。

高橋源一郎（たかはし・げんいちろう）

作家・明治学院大学教授。一九五一年広島県生まれ。一九八一年に『さようなら、ギャングたち』でデビューし、一九八八年『優雅で感傷的な日本野球』で第一回三島由紀夫賞。二〇一一年、東日本大震災のチャリティーAVを作ろうとする制作者たちを描いた『恋する原発』を発表し、大きな評判を呼ぶ。二〇一二年『さよならクリストファー・ロビン』で谷崎潤一郎賞受賞。

書籍版
「シネマストリップ」第一弾。
著者自選による
33回分の放送を大幅に
編集・加筆・修正。
さらに33本の
書き下ろしコラムと、
小説家・高橋源一郎による
解説も収録した、
映画ファンも番組ファンも
必携の一冊です。

『高橋ヨシキのシネマストリップ』

高橋ヨシキ・
NHKラジオ第1「すっぴん!」制作班 編

定価:本体1700円+税
四六判/モノクロ/338ページ
ISBN978-4-905158-46-2
スモール出版

ヨシキさんがとりあげてくれる映画は100%「当たり」だ。1本観るたびに「この映画を観ないで死ぬ人生は詰まらない」と思えてくる。——高橋源一郎

収録作品

『未来惑星ザルドス』
『エド・ウッド』
『ラリー・フリント』
デヴィッド・リンチ
『モンティ・パイソン・アンド・ホーリー・グレイル』
『メリー・ポピンズ』
『スペースバンパイア』
『ドラキュラ』
『SPETTERS/スペッターズ』
『ショーガール』
『ブラックブック』
『サムシング・ワイルド』
『ペイン&ゲイン 史上最低の一攫千金』
『スター・ウォーズ エピソードⅣ/新たなる希望』
『マッドマックス』シリーズ
『ゾンビ』
『バタリアン』
『クリープショー』
『死霊のはらわた』
『スペル』
『キャバレー』
『ミディアン』
『ゼイリブ』
『デス・レース2000年』
『ネットワーク』
『ブレードランナー』
『オデッセイ』
『26世紀青年』
『ビルとテッド』シリーズ
『グレムリン2 新・種・誕・生』
おすすめの超・爽やかな映画三本
(『フェイドTOブラック』『トゥインクル・トゥインクル・キラー・カーン』『フォーリング・ダウン』)
『ヤコペッティの残酷大陸』
『ヘイトフル・エイト』

高橋ヨシキ
Yoshiki Takahashi

1969年生まれ。映画ライター、アートディレクター、デザイナー、チャーチ・オブ・サタン公認サタニスト。雑誌『映画秘宝』でアートディレクター、ライターを務める他、映画ポスター及びDVDのジャケットデザイン、翻訳、脚本など多彩なフィールドで活躍している。近著に『高橋ヨシキのサタニック人生相談』、『高橋ヨシキのシネマストリップ』(共にスモール出版)、『新・悪魔が憐れむ歌 美人薄命』(洋泉社)などがある。

NHKラジオ第1
「すっぴん!」

毎週月曜～金曜朝8:05～11:49に放送中。個性豊かなパーソナリティとゲストによる刺激的なトークを毎日届けるラジオ番組。「高橋ヨシキのシネマストリップ」は、毎週金曜日の11:05から放送中(月に1度のお休みあり)。

高橋ヨシキのシネマストリップ 戦慄のディストピア編

発行日 2019年4月10日 第1刷発行

編著者 高橋ヨシキ
NHKラジオ第1「すっぴん!」制作班

編集・構成 三浦修一(スモールライト)
装丁 川名亜実(オクターヴ)
イラスト うとまる
校正 会田次子
写真協力 公益財団法人川喜多記念映画文化財団、Alamy
発行者 中村孝司
発行所 スモール出版
〒164-0003 東京都中野区東中野3-14-1 グリーンビル4階
株式会社スモールライト
電話 03-5338-2360 FAX 03-5338-2361
e-mail books@small-light.com
URL http://www.small-light.com/books/
振替 00120-3-392156
印刷・製本 中央精版印刷株式会社

Printed in Japan
ISBN978-4-905158-64-6